JN123165

第3次改訂版

必ず合格できる
昇任面接
対策法

【昇任試験問題研究会・編】

 公職研

まえがき

　同じ昇任試験であっても、筆記試験と面接試験では問われる中身が異なりますので、その対策のあり方も大きく変わってきます。

　知識や能力の有無が問われる筆記試験では、重要事項を暗記したり、問題演習を繰り返すことが、主な試験対策であったと思います。

　一方、面接試験では、「なぜ係長になりたいのか」「課長に必要な能力は何だと思うか」などの質問に対して、みなさんが確固たる考えを持っているかどうかが試されます。すなわち、面接試験では、一人の公務員として、みなさんの考え方・生き方が問われるのです。

　では、その対策はどうあるべきでしょうか。みなさん自身の考え方を聞かれるのですから、どこかにある正解を暗記するというわけにはいきません。様々な問いに対する自分なりの答えを、自分の頭でしっかりと考え、明確にすること。これが、面接対策なのです。

　京セラの創業者である稲盛和夫さんは、その著書の中で、「人生・仕事の結果＝考え方×熱意×能力」という方程式を紹介しています。この方程式にならえば、いくら熱意や能力があっても、考え方がしっかりしていないと、よい結果は得られない。逆に言えば、たとえ能力が不十分であっても、正しい考え方や、強い信念があれば、大きな成果を挙げられる、ということになります。

　昇任試験を受けるということは、公務員生活における一つの大きな転機です。この機会に、自分自身を見つめ直し、自分の考え方を明確にすることは、極めて大切なことです。そのプロセスを通し芽生えた信念が、一本のたくましい「幹」となり、それがみなさんの今後のキャリアを力強く支えることになるのです。

　本書は、みなさんが自身の考え方を整理していくための羅針盤となるべく、書かれたものです。本書を読み進めながら、様々なテーマについて思索を深めていくことで、面接試験を突破するための万全の準備ができるはずです。

　みなさんの健闘を祈念しています。

昇任試験問題研究会

必ず合格できる昇任面接対策法 目次

第4章　面接シートの書き方

第5章　事例式問題への対応

終章　本番直前のアドバイス

1　なぜ面接試験があるのか

　行政組織における管理職や係長の仕事は、住民や社会に対して非常に大きな影響力を持つものです。

　管理職は自ら組織としての意思決定をすることになりますし、係長はその意思決定の過程に深く関与することになります。住民だけでなく、内部の職員にとっても、管理監督者としての言動は、非常に重みのあるものとして受け止められます。そのため、管理職や係長となろうとする者が、その職責を十分に果たし得る人物であるかどうかは、慎重な見極めが必要です。

　これから面接試験を受験するみなさんは、択一や論文などの筆記試験を突破され、普段の業務でも十分な実績を残してきた方々ですので、行政に携わる者として一定の能力を備えていることは証明されているでしょう。個人競技のスポーツのように、ただ個の力を最大限に発揮し結果を残すことが問われ、その結果責任を本人が全て負うような世界であれば、能力さえ担保できれば合格判定が出せるかもしれません。

　しかし、私たち公務員は、様々な人間が寄せ集まった「組織」の力で仕事をし、その仕事の結果は、住民の生命や財産、権利義務に大きな影響を与えます。そんな重責を担う組織のリーダーには、民間企業など他の組織のリーダー以上に、人

間としての総合力が問われると言えます。

　単に今の能力だけを見るのではなく、筆記試験やこれまでの実績だけでは測ることが難しいトータルな力を見定め、我がまちの未来を託すのにふさわしい人物であるか最終的な判断を下す場として、面接試験が実施されているのです。

2　面接試験ではどこを見られるのか

　では、面接試験では、どんな点が評価されるのでしょうか。

　主に、次の3点がポイントになるでしょう。

（1）管理監督職としての適性を備えているか

　面接官は、みなさんが管理監督職としての責務をしっかりと果たすことができる人材であるかを見極めようとします。すなわち、組織の長としての適性を測ろうとするのです。

　それでは、管理監督職に求められる能力とはどのようなものでしょうか。

・**課題発見力**

　現状を正確に把握し、組織が直面している課題を見極めることができるか。

・**課題解決力（行動力）**

　課題を解決するための具体的方策を考え、それを実行することができるか。

・**判断力**

大局的な視点に立ち、冷静・沈着に的確な判断を下すことができるか。

・**コミュニケーション能力**

上司や部下、同僚、あるいは住民と円滑なコミュニケーションをとることができるか。

・**説明力**

マスコミや議会、住民に対して簡潔で要領を得た説明をすることができるか。

・**想像力**

常に将来の明確なビジョンを持ち、それを実現するための行程を描くことができるか。

・**たくましさ**

困難な局面にも逃げず、積極果敢に立ち向かう精神的・肉体的な強さを持っているか。

・**明るさ**

常に明朗快活で前向きに仕事に取り組み、周囲によい影響を与えることができるか。

もちろん、今の時点でこれらを全て兼ね備えている必要はありません。

大切なことは、管理監督職としてこのような能力が求められることをよく認識するとともに、これらを習得するための素養を持ち合わせていることを面接の場で積極的にアピールすることです。

（2）人として信頼できるか

「あの人のためなら労を惜しまず働こう」と周囲に思わせる人間であることは、よきリーダーの絶対的な条件です。ましてや住民や議員など、様々な人との信頼関係を築くことが求められる公務員であればなおさら、人間としての器の大きさが問われます。

信頼するに足る人物か、他者に対する思いやりがあるか、常に学ぼうとする謙虚さを持っているか、さらには人を惹きつけるだけの人間的な魅力があるかなどを、面接官は見極めようとします。

もっとも、これらはその人の個性とも言えるものですから、面接のために無理な力学を加えて変えようとする必要はありません。自身の長所をさらに伸ばし、短所を少しずつ改善する努力を継続していくことが大切です。

（3）管理監督職として活躍したいという強い思いがあるか

みなさんが現時点では管理監督職として求められる水準に届いていないとしても、それはある意味では当然のことです。今のみなさんに何よりも必要なのは、**一つ上のステージでよりよい仕事をしたい**という、**強く熱い思い**です。

熱意や意欲は、多少の能力や経験の不足を補って余りあるものです。目の前の仕事に必死に取り組む情熱さえあれば、これからキャリアを重ねる中で、いくらでも力を伸ばしていけるはずです。受験者の能力に大した差がないのであれば、「管理職や係長として活躍したい」という思いの強い者、す

11

なわち、これから伸びる可能性の大きい者を合格させたいと思うのが、面接官の当然の心理でしょう。

　もしかしたら、みなさんの中には、「上司にしつこく勧められたから仕方なく昇任試験を受けた」というような方もいるかもしれません。そのような人にとっては、管理監督職となることへのモチベーションを高めていくことも、面接対策の重要なポイントと言えるでしょう。

3　面接対策として何をすべきか

〈自身の「哲学」を語れるようにしよう〉

　以上を踏まえ、面接試験を突破するための準備として、これから何をしていけばよいでしょうか。

　単刀直入に言えば、**様々な問題に対して自ら主体的に考え、その考えを相手に伝えるための訓練をすること**です。

　みなさんがこれから管理監督職になると、自ら判断しなければならない場面が圧倒的に増えることを痛感するでしょう。これまでであれば、どのように対応すればよいかわからない場面では、上司に「どうすればよいでしょうか」と相談することができたかもしれません。

　しかし、管理監督職はその相談を受ける側ですので、部下からの相談に対し、自ら考え、解決の方向性を示し、最終的な決断を下さなければなりません。上司に相談する場合にも、どっちつかずのあいまいな態度ではなく、「私としてはこち

12

らの案がよいと考えます」と、はっきりと進言することが求められます。

そのためには、担当職務に対する深い理解があることが前提になりますが、それ以上に強く求められるのは、**判断の拠り所となる自分なりの考え、すなわち「哲学」をしっかりと持つこと**です。どれだけ専門知識を備えていても、自身の価値観や考え方を体現した「哲学」がなければ、いわゆる決断のできない管理監督職になってしまう恐れがあります。物事を判断する際の基準となる「哲学」を明快に語れるかどうかは、管理監督職としての力量を図る一つの指標ともなるものです。

〈哲学を持つとは、自分の考え方を明確にすること〉

この「哲学」は、これから面接対策を進める上でのキーワードになるものですので、その意味についてもう少し考えてみましょう。

「哲学」とは一般的に、「経験などから築き上げた人生観・世界観」あるいは「全体を貫く基本的考え方」と定義されています。言うなれば「信念」、もう少し大げさに言えば「人間としての生き方」といったところでしょうか。

こう聞くと、非常に崇高なもののように思えますが、簡単に言ってしまえば、様々な問題に対する「自身の基本的な考え方」ということです。哲学を持つとは、すなわち、「**この問題については、こうあるべきだ」と、はっきり自分の考え**

13

を持つことです。例えば、理想の係長像について考え、「係長として最も大切なことは、部下が気持ちよく仕事をし、その能力を十分に発揮するための環境を作ることである」という結論を得た場合、これがあなたの「係長はどうあるべきか」という哲学です。

　「なんだ、そんなことか」と思われるかもしれません。しかし、「哲学」は、無責任な傍観者の視点からは決して生まれないものです。自分自身のことをよく知り、世の中の様々な問題に対して関心を深め、勉強し、その問題の当事者として、深く考えること。このように、しっかりと腰を据え、思索を深める過程を経て初めて、「自分の考え方」が見えてくるのです。

〈面接対策として何をすべきか〉

　みなさんがこれまでクリアしてきた択一試験や論文試験の対策は、暗記することに一定の比重が置かれていたかもしれません。しかし、これから先は発想を切り替える必要があります。**面接対策は、「覚える」よりも「考える」ことにある**と、肝に銘じなくてはなりません。

　面接試験では、「なぜ係長・管理職を目指すのか」というような、本人の思いの強さを測る問いや、「係長・管理職はどうあるべきか」「これからの行政はどうあるべきか」といった、正解のない問いを投げかけられます。このような問いに対し、自身の哲学に基づき、どれだけ力強い答えを返せ

るかが、面接試験の成否を握っていると言っても過言ではないでしょう。

　面接対策として力点を置いて取り組むべきことは、このような深い問いかけに対し、**これまでの経験や、自身の価値観**などをもとに、**徹底的に考え、自分なりにその答えを見出だ**すこと。そして、それを相手に的確に伝える「言葉」を編み出すこと。まさにこのプロセスこそが、面接対策の王道であり、これから地方自治の中核を担おうとするみなさんに、ぜひとも実践してほしいことです。

〈次のステージに上がるための助走期間である〉

　繰り返しになりますが、みなさんが係長や管理職として物事を判断する立場となったとき、その判断の拠り所になるのはみなさんの「哲学」であり、それを部下や上司など周囲の人々に納得させるのはみなさんの「言葉」です。

　面接対策とは何か─。その答えは、**自分の考え方を整理し、それを伝えるための表現力を高めること**。これに尽きます。これから先、幾度となく経験するであろう、「自ら考え」、「決断し」、「伝える」。このプロセスを実践することが、そのまま面接対策になるのです。

　したがって、みなさんがこれから費やそうとしている時間は、単に目の前の試験を突破するだけのものではなく、係長・管理職として活躍するための助走期間と捉えることが必要です。

日常業務の傍ら面接対策に時間を費やすことは、確かに大変なことでしょう。しかし、これだけじっくりと自分自身と対話をし、様々な問いに対して徹底的に考え、その結果を自分の言葉で語る訓練をするというのは、面接試験に臨む今、まさにこのタイミングが、生涯で最後かもしれません。試験のその先を見据え、みなさんが一回りも二回りも大きくなるための有意義な時間となるよう、ぜひ前向きな気持ちで、面接対策に取り組んでほしいと思います。

自分の意見で返球できるよう訓練する

****

■何故自分は管理職になろうと思ったのか？

　管理職になろうとした理由ですが、私自身はあまり深く考えず「管理職試験を受ける資格が生じたから受けた」というのが正直なところです。

　ただ、自分がこれまで先輩の係長や課長に教えられ、助けられてきたことを、同じように後輩たちにしてあげなければ、と思ったことも理由の一つです。

　私は土木技術職として、主に公園や道路の建設事業に携わってきました。その中で、新しい公園や道路を造り、その完成や開通を体験できるという、技術職として大変やりがいのある仕事を担当させていただきました。しかし、やりがいのある分苦しんだことも多く、「何故自分ばかり大変な現場を持たされるのか」と当時はよく愚痴をこぼしていたと思います。

　そのような時期に先輩の係長、課長の存在は大変大きく、例えば、工事の設計等で行き詰まり上司に相談すると、必ず何らかの「答え」を返してくれたように記憶しています。今思えば、これらの「答え」の多くは、過去に先輩方が同様な経験をしたことに基づくものであったことでしょう。

　昨今では、団塊の世代が退職したことによる「技術の伝承」を不安視する声も多く聞かれますが、技術だけではなく、自分の経験を後輩たちに伝えることも大切なことだと思っています。

■係長（管理職）の仕事で一番大切なことは

　私は、「係長（管理職）だから何か特別のことをしなければいけない」とは思いません。ただ、係長（管理職）になると、全ての仕事を自分がするわけにはいかず、多くの部分を部下に任せることが必要になります。今までは、自分の仕事だけを気にすればよかったかもしれませんが、係長（管理職）は自分一人だけではなく、部下と一緒に仕事をすることによる成果が求められます。

その中でも、「スケジュール管理」は大切な項目であると思います。部下の仕事の進捗状況を把握し、遅れが生じていればフォローする等のマネジメントが係長（管理職）の仕事になります。実際にほとんどの職場では、当初の予定通りに仕事が進捗することは少なく、いつも何らかの対応をしているのではないでしょうか。ただ、その対応が早いか遅いかが重要になり、早く対応するためには、係内の状況を普段から把握しておくことが必要になります。

　結論としては、月並みですが「普段から部下の状況を把握すること」＝「コミュニケーションをよくとること」になると思います。

■係長（管理職）になってよかったと思うことは

　係長になってみて大変だと思うことの方が多いのが実情ですが、よかったと思うのは、仕事の幅が広がり、今までよりも多くの方々と接する機会が増えたことです。

　係長（管理職）になれば会議や打合せなどの機会が増え、例えば、私のような技術職でも、財政担当から直接予算査定を受けることや、県、国の方と直接やりとりすることなど、今までよりも広いジャンルの方々と仕事をすることになります。

　その中でいかに信頼関係を築き、頼りになる存在となるかが、その後の仕事をスムーズに進められるかどうかのカギになると思います。

　これらの人間関係の構築も一担当者の時とは違う「やりがい」として、自分の仕事に対する動機付けとなっています。

■係長は特別なものではない！

　私は係長（管理職）をそれほど特別なものと考えていません。

　ただ、係長（管理職）には、今までとは違うものを求められるのと同時に、その結果として違うものが得られるからこそ、仕事の動機付けにつながるものも多いと思います。皆さまの係長（管理職）としてのご健闘とご活躍をお祈りいたします。

****

　「なぜ管理職になろうと思ったの？」。昇任面接でも質問されたし、飲み会の席で後輩にもよく聞かれる。以下は、この問いに対する「答え」と皆さんへのメッセージである。

■やはり割が合わない⁉

　私は、金融機関で10年近く勤務したことがあるので、そこでの経験から管理職へのインセンティブを考えてみたい。

　まず、民間は、責任が重くなるにしたがって、処遇がよくなる。具体的には、給料が大きく増える。昇進しなければ、ある程度の年齢で給料は頭打ちになり、職場でも居場所がなくなってしまう。部下に対する人事面での裁量も大きく、仕事ができない部下は、一般社員であっても、３か月で飛ばすことも可能だ。したがって、管理職になることに何の抵抗もなく、誰もが当然のように目指していく。

　一方、公務員の場合はよくも悪くも平等なので、管理職になったからと言って、給料が大きく増えることはないし、年功での昇給もかなり長く継続する。人事についても、部下の評価はするが、仕事が遅いからと言って一般職員をすぐに異動させることなどまずできない。だから、管理職になっても、処遇に大きな差が出るわけではなく、できない部下を抱えてしまうと、とても苦労することになる。

　ちなみに、よく巷で言われる管理職の退職後についても、私が金融機関を見てきたからかもしれないが、民間と公務員でそれほど大きな違いがあるとは思えない。

　民間と違って処遇面も役職による差がそれほどなく、一見すると面倒な仕事が増える公務員の管理職は、やはり割が合わない⁉

■広いフィールドが待っている

　とは言っても、処遇よりもっと大切なもの＝「やりがい」があるから、公務員の管理職には、大きな魅力があると断言できる。

　では、やりがいとは何か？

公務員の管理職は、施策の上での判断を求められる場面が多く、その判断に基づいて行われた取組は、広く社会に影響を与える可能性が高い。しかも、その場合の判断は、民間のように「儲かるから」を基準に行うのではなく、「自分自身」を基準に行うことができる。自分のこれまでの経験に基づく価値観を基準にして仕事を進め、その結果、社会がよりよくなる可能性があるのである。

　もう少し掘り下げてみると、公務員は、社会の役に立つ、正しい仕事をしなければならないが、社会に「役に立つ」とか「正しい」というのは、法令等に定めがなければ、実に曖昧なものである。立場や状況が違えば、ある人にとっては、望ましい、役に立つことも、別の人にとっては、受け入れられない、してもらいたくないことになる。そのような中で、ある一つの結論を導かなければならない場合、最後の拠り所となるものは、自らの価値観ということになる。

　そして、管理職が価値観を基準に判断する場面は、一般職員に比べて何倍も多いし、スケールも大きいのである。自らの価値観を基準に判断しながら進める仕事は、影響が広範囲にわたることも多く、プレッシャーは感じるが、だからこそ醍醐味があり、やり遂げたときの達成感は大きい。つまり、大きな「やりがい」があるのである。

　公務員であれば、そのような判断をする機会はゼロではないかもしれないが、管理職は、その比ではない広いフィールドで自らの判断を行使するチャンスが与えられるのである。

■原点に戻ってみよう

　最近、管理職の成り手がいない、「草食系公務員」が増えているという記事を読んだ。不思議である。公務員を志したとき、誰もが、より多くの住民の幸せ度を向上させるために働きたいと考えたはずである。ならば、より広いフィールドで仕事ができる管理職を目指すことは、自然なことであり、ためらう余地などないのではないだろうか。もう一度、自らの志の原点に返ってみてはいかがだろうか。

これから面接試験までの準備期間は、その心がけ次第では、みなさんの公務員としてのキャリアの大きな転換期にもなり得るものです。

本章では、どのような心構えで面接対策に臨むべきかを見ていきましょう。

1　まずは覚悟を決める

みなさんは、係長や課長になることについて、確固たる覚悟を持っていますか。覚悟が座っていないと、面接対策に身が入らないばかりか、面接本番でも大きな減点を招いてしまう可能性があります。

これから管理監督職となるみなさんを待ち受けるのは、きっと茨の道でしょう。上司からは容赦ない要求にさらされ、部下からは厳しい突き上げにあうこともあるでしょう。マスコミや議会への説明など、神経をすり減らす場面にも多く出くわすでしょう。

そんなことは百も承知の上で、「それでも、私は係長や課長として仕事をしていくのだ」という強い覚悟を、まずはもう一度、確認してほしいと思います。

面接官は、面接に臨むみなさんの顔つきや表情、口調などから、厳しい世界に身を投じる覚悟を本当に持っているかどうかを、敏感に感じ取ります。試験をパスするためだけに用

意されたきれいごとは、簡単に見抜かれてしまうでしょう。一方で、どんな**困難にも立ち向かうと腹をくくった人間だ**からこそ言い切れる、**魂のこもった言葉**は、**面接官に強いインパクトを残す**でしょう。

　言うまでもありませんが、覚悟の決まっていない状態で、中途半端にダラダラと面接対策に取り組むことは、時間の浪費に他なりません。これまで繰り返し述べてきた「哲学」も、本気で考えなければ見えてこないでしょう。何としても係長や管理職になるのだという強い覚悟を持ち、本気で面接対策に臨んでください。

２　試験のその先を意識する

　面接対策は、面接試験において優れた成績を残し、合格という成果を勝ち取ることを最大の目的とするものです。世に数多ある試験と同じように、その対策としては、合格への最短経路を歩む要領のよさ、効率性も、ある意味では必要でしょう。

　ただし、あまりに効率性を追求しすぎると、ともすれば合格のためのテクニックに走りがちです。自身の思いを十分に汲むことなく、ただ面接官に受けのよい想定問答を作り、それをひたすら暗記するようなことをしてしまうと、それはまさに試験のための対策であり、試験が終わったあとに何も残りません。

　どのような手法にしろ、面接試験のためにみなさんの貴重

な時間を相当程度犠牲にするわけですから、それが無機質で味気ないものに終始してしまうのは、非常にもったいないことです。

　前章で述べたように、面接対策というのは、これから実務の中で毎日のように求められるであろう「自ら考え、その思いを周囲に伝える」ための訓練の場です。その目的は、短期的には目の前の試験をパスすることではありますが、中長期的には、管理監督職としてふさわしい行動をとれるようになるためです。

　したがって、面接対策を進める際には、**近い将来に職場のリーダーとして活躍することを最大の目標に掲げ、面接試験はあくまでその通過点に過ぎないという認識を持つべきで**しょう。このように考えることで、試験対策にポジティブな気持ちで取り組めるはずです。

3　じっくり「考える」時間を作る

　前章でも述べたように、面接対策では、「覚える」ことよりも「考える」ことに重点を置く必要があります。

　様々なテーマについて深く考え、自分の考え方を明確にし、それを自分自身の言葉で表現するためのトレーニングに、可能な限り多くの時間をかけるべきです。「なぜ係長になりたいのか」といった基本的なテーマから、「人口減少社会における行政のあり方」というような難解なテーマまで、「私の考えはこうだ」と明快に語ることができるまで、とことん深

く考えましょう。今ここでじっくり考えたことが、みなさんが管理監督職となってから様々な場面で生かされることは間違いありません。

　じっくり考えようとすればするほど、時間が必要になるでしょう。しかし、この作業は、必ずしも机に向かってする必要はありません。通勤時間やお風呂の中、就寝前のひとときなど、ちょっとした時間に、あれこれ考えてみましょう。そして何かキーワードになりそうな言葉を見つけたら、ノートなどにさっとメモしておきましょう。まるで作家や哲学者になったような気分になるかもしれません。そう思えたら、しめたもの。コツコツと楽しみながら、この作業を積み重ねていくうちに、自分なりの考え方が見えてくるはずです。

　このようにして、自分の哲学と、それを相手に伝える言葉さえ身に付けてしまえば、もう何も恐れることはありません。面接の場でどんな質問をされたとしても、その答えには一本筋が通り、説得力のあるものとなるはずです。

4　一段上の視点から日々の仕事に取り組む

　面接試験では、事例式の問いも頻出です。「仕事に対する意識が著しく低い部下がいる場合、係長としてどのように対応しますか」、「上司と部下との板挟みにあった場合、どのように対応しますか」などの質問がその典型例です。これらの事例問題に的確な答えを返すためには、実際に自分がその状況に置かれたことを、どれだけリアルにイメージできるかが

一つの鍵になります。

　そこで、普段の仕事において、今よりも一段高い視点を持つことを心がけましょう。**自分が係長や課長ならどう対応するかを、具体的にイメージする**のです。例えば、上司に何か相談する場面でも、自分が上司の立場ならどう判断するか、その答えを出した上で相談します。また、「部長から次々と降ってくる要求に、課長はどのように対応しているか」、「少しクセのあるベテラン職員に対して、係長はどのように接しているか」など、身近な上司の仕事ぶりを注意深く観察し、まさに生きた教材として、そこから勉強するのです。その上で、「今の場面では、こう動いたほうがよいのではないか」と、自分なりの見解を持つことが大切です。

　日常業務の様々な場面において、自分が係長や課長となったつもりでその具体的行動をイメージしていれば、それがそのまま事例式の問いへの答えを考えることにつながります。日頃からそのような意識を持っていれば、「管理監督職とはどうあるべきか」という自身の哲学が、はっきりと見えてくるはずです。

5　モチベーションを常に高く持つ

　人間は、目標に対する思いが強ければ強いほど、その実現に向け大きな力を発揮できるものです。面接試験に向けた準備を実り多いものとできるよう、**何としても係長や管理職になるのだという強い意志を持ち続けてください。**

　モチベーションを高く維持するためには、そのための行動を起こすことが大切です。例えば、書店のビジネス書のコーナーに足を運んでみましょう。リーダーとして何かを成し遂げた人がその成功体験を語ったような本が、たくさん並んでいます。働く分野は違えども、これから組織のリーダーを目指す者として、それらの本はとてもよい刺激となるでしょう。

　「リーダー論」のような難しいものでなくても構いません。例えば、ビジネス雑誌に掲載されている、民間企業の社長へのインタビュー記事。スポーツの世界なら、チームのキャプテンや監督。あるいは、オーケストラを束ねる指揮者。その道のプロが、リーダーとして何を考え、何に取り組んでいるのか。そんなことを窺い知れる読み物に触れるだけでも、「リーダーとはどうあるべきか」を考えるヒントになり、更なるモチベーションの向上にもつながるのではないでしょうか。

　職場でもできることがあります。理想とする上司の仕事ぶりをじっくり観察するのです。「あのようになりたい」という思いを強くすれば、目標に向かっていく気持ちを更に高めることができるでしょう。また、お酒を飲みながら、係長や管理職の魅力について上司に語ってもらうのもよいでしょう。

　本書のコラムには、管理監督職として活躍する先輩方からの珠玉のメッセージが掲載されています。ぜひ、モチベーションの維持・向上に役立ててください。

****

■管理職を目指したきっかけ

　私が入庁した年は、ちょうど男女雇用機会均等法が施行された年でした。その頃は女性職員の数は極端に少なく、女性役職者は、定年退職間際の主任２人だけ。私が配属された職場でも、男性職員が主要な業務を担当する一方、女性はお茶汲みをしながら、補助業務や単純作業をしていました。私は途中から男性と同じ業務を担当しましたが、その時は自分の意識が追い付かず、中途半端な仕事しかできませんでした。その頃の私には係長や管理職になるなどという意識はどこにもありませんでした。

　採用から５年が過ぎる頃から、職場環境や女性の働き方は少しずつ変わり、私も、その時の係長に「これからは女性も当たり前に係長や課長になる」と言われ、新しいプロジェクトや重要な仕事に参加させてもらいました。やりがいのある仕事を任されたことで、私の仕事に対する意識も変わり、苦手意識を持っていた業務にも積極的に取り組むことでよい結果につながることがわかってきました。

　そして年齢や経験を重ねるうちに、担当者の立場で仕事をすることの限界を感じ、自分に肩書があれば、もっと仕事がやりやすいのではないかと考えるようになりました。また、自分より若い世代が増えるにつれて、自分に仕事のやりがいを教えてくれた多くの先輩や上司のように、後輩に対してきちんと何かを残すために、管理職を目指す必要もあるのではないかと思うようになりました。

■係長になっての失敗談

　実際に係長のポストに就いてみると、仕事がやりやすくなった反面、仕事の優先順位の付け方や係員に仕事を任せるということは予想以上に困難でした。

　担当者の時は自分の仕事を進めることが最優先でも許されましたが、係長のポジションでは、係内の仕事の優先順位を考えて、自分の仕事と担当者の仕事の両方の調整を行わなくてはなりません。

係長になった当初の私は、係の仕事全てを担当者よりも深く把握することに努めました。新規事業の書類は自分が先に読み込み、細かいスケジュール管理を行い、担当者の負担になる業務だと判断すると自分が引き受けるというように仕事を進めました。新設された係で若い担当者が多かったことから、自分が頑張ることが一番よいことだと信じていました。しかし、自分でも業務量の多さに頭を抱えていたときに、担当の一人から「係長は自分が納得しないと仕事を回してくれない」と言われハッとしました。

　自分は担当者や係のためによかれと思っていたことが、実は自分だけが理解して進めるという、独りよがりのやり方だということにその言葉で気が付きました。しかも、業務を抱え込むために決裁も遅くなり、担当者が相談したいときも遠慮するようになっていました。

　担当者のモチベーションを下げていたのだと反省するとともに、過去の自分に仕事を任せてくれた上司たちの判断力と決断力のすごさを痛感しました。

■これから目指すこと

　係長を含めた管理職には、「仕事を人にやってもらう」ための行動が求められているのだと理解しても、仕事を担当者に任せることは、決して楽ではなく責任と決断の伴う行為です。今でも、これで正しいのかと迷うことや後悔することも多く、自分がやった方が早いのではないかとも考えてしまいます。

　しかし、その分、仕事がうまくいったときの達成感は、担当者として仕事をしていたとき以上のものがあります。

　今は課長補佐というポジションとなり、係内の調整だけでなく、課長・部長の職務の遂行を優先することを意識するようになりました。それと同時に、担当者と課長・部長をつなぐことも自分の役割だと考えています。自分より前の世代と次の世代をつなぐ結節点であると考えて、次世代の人材を育成することを目標にしています。

****

　私は、平成2年に市役所に入庁しましたが、もう早いもので30年近くの年月が経ちました。現在は係長職として微力ながら日々仕事に励んでいます。これまで、様々な仕事を経験したつもりではありますが、まだまだ知らないことも多く、市の業務は多種多様で広範囲に及ぶことを常に実感しています。また、入庁当時は全く考えもしなかった市町村合併を経験し、市の面積は4倍強となり、市の人口に至っては10倍以上に増加しました。この合併によって、職員数が大幅に増え、仕事の進め方等も変わり、私にとって大きな転機になりました。まさに日々勉強中です。

■係長の仕事について

　係長職になる以前は、主に担当業務を受け持ち、疑問が生じたり、判断に迷ったりしたことがあった場合などは、自分で調べたり、上司に相談しながら任された担当業務を最初から最後まで責任を持って行っていました。担当業務については、スケジュールをきちんと立てながら仕事を行い、また、業務内容をしっかり理解するよう努めてまいりました。係長職となってからも、担当業務を受け持つので仕事に対する姿勢は基本的に変わらないのですが、わざわざ述べるまでもなく、係長は更に係内全般の仕事についても把握しなければなりません。部下の仕事の状況を把握しながら円滑に係内の業務を遂行しなければなりません。その分、係長職としての責任も生じますが、時には業務の方向性を考え判断し、その業務についてよい結果を得られたときには仕事のやりがいを感じます。

■部下の育成について

　これまで後輩職員の育成については、業務の内容を教えることに重きを置いていたような気もしましたが、このことだけでは難しい場合もあります。やはり、個々の職員の適性や個性に応じて、その職員に見合った育成をしなければならないと感じる次第です。また、

育成に当たっては、「部下が自ら考える」環境をつくることに普段から心がけています。具体的に申し上げますと部下が提案したことに対し、なるべく批判、否定をしないということです。現在、私が所属している職場は、法令に基づいた業務を行うのではなく、企画立案し裁量により業務を行う部分も含まれており、部下の仕事に対する意欲を引き出すためには大事なことであると考えるからです。言うまでもなく、見直すべき点は指摘をしますが、何から何まで事細かに指示すると「自ら考える」意欲の低下につながり、部下が育たないと感じるからです。部下が自主的、自発的に仕事ができる環境づくりをすることで組織の活性化にもつながるでしょう。

■係長としての心構え

　私が考える係長としての心構えは、月並みではありますが、係内のよきチームワークづくりに努めることです。自分一人では仕事はできません。必ず職場の仲間の協力が必要だからです。そのためには、係長として何ができるのか、何をすべきか、一人ひとりそれぞれだと思いますが、自ずと答えは出てくるでしょう。私は「仕事が大変でもチームワークがよければ乗り越えられる」という言葉をよく聞いてきました。その一言につきますが、係長として常に係内のコミュニケーションづくりに心がけています。

■先見の明持つ、よきリーダーに！

　私と同じくみなさんも感じていることと存じますが、地方自治体を取り巻く環境は、社会情勢の変化とともにますます厳しくなっています。職員は役職に関係なく、世の中を見据え、先見の明を持って、仕事に取り組まなければならないと思います。末筆ながらこれから係長を目指す皆さんには、よきリーダーとなり、ますますご活躍されますよう心からお祈り申し上げます。ご一読いただきありがとうございました。

①　身だしなみを整える

　第一印象は極めて重要です。清潔感のある髪型・服装を
心がけましょう。

② 表情は豊かに

「今日はよろしく
お願いします」
と鏡の前で
言ってみる

顔の緊張を
ほぐす

静かにゆっくり
深呼吸をする

面接の冒頭、面接官は受験生の緊張をほぐすための質問をしてきます。そのような質問には、笑顔で答えましょう。

　ここまで、面接対策とはいったい何であるのか、そして、それに臨むためにどのような心構えが必要かを述べてきました。

　ここからはより具体的な話として、面接対策をどのような流れで進めていくべきかを見ていきましょう。

〈面接対策の流れ〉

　面接対策は、次の流れで進めていきましょう。

```
《STEP 1　自分自身を見つめ直す》
《STEP 2　これまで経験してきたことを振り返る》
《STEP 3　自分なりの哲学を整理する》
《STEP 4　面接シートを作成する》
《STEP 5　想定問答を用意する》
```

　ここで留意していただきたいのは、やみくもに面接シートを書こうとするのではなく、その前に自分の頭を整理する時間を作るということです。

　多くの面接試験では、事前に提出した面接シートに基づいて質疑がされるため、面接シートの出来が合否を分ける重要な鍵になります。

　しかし、いきなり面接シートを書こうとしても、自分なりの考え方が整理されていないと、設問に対し場当たり的に答えることになり、結果として、全体を貫くコンセプトが不明瞭な、一貫性のない面接シートが出来上がってしまう恐れがあります。

　もっとも、試験事務の都合上、面接シートの提出時期は面接本番よりもだいぶ前に設定されているため、実際にはシートを提出したあとに、じっくりと頭の整理をすることになるかもしれません。そうであっても、可能な限り、上記STEP１からSTEP３のプロセスを踏み、様々なテーマに対する自分なりのスタンスを確立させた上で、面接シートの作成にとりかかるようにしてください。

〈まずはノートを１冊用意しよう〉

　STEP１に入る前に、試験までの道のりをともに歩むパートナーを手元に用意しましょう。

　パートナーとは、１冊のノートです。どんなものでも構いません。みなさんが様々なテーマについて考えたこと、感じたことを、自由に書き連ねていくためのものです。このノートに様々な思いを綴っていきながら、みなさんの「哲学」やそれを表現する「言葉」を整理していくのです。

　きれいに書いていく必要などありません。乱雑でもいいから、とにかく**考えたことを何でも吐き出し、頭の中にある様々な思いを形にしていきましょう**。ノートに書き込まれた

35

様々なフレーズが、みなさんの哲学を表現するための重要な
キーワードになるはずです。

〈基本は自分の頭で考えること〉

　面接試験は、どこかにある正解を答える場ではありません。
みなさん自身の「考え」を語る場です。したがって、どこか
から答えを探してこようとするのではなく、あくまで自分の
頭で考えることを、面接対策の基本としてください。

　もちろん、何から何まで自分で考えろと言っているわけで
はありません。基礎的な知識やヒントを得るために、様々な
書籍に当たったり、インターネットを活用したりすることは
必要でしょう。大切なことは、そこから得た内容を、**自分な
りにしっかりと咀嚼し、自分の言葉として表現できるように
すること**なのです。

　情報に溢れた今の時代、ウェブサイトをいくつか覗いてみ
れば、どんな問題についても、その答えらしきものをすぐに
見つけることができるでしょう。そんな環境に置かれている
と、自分の頭で考える機会が減り、その結果、ともすれば考
える力が弱くなってしまうことも懸念されます。

　これから様々な難題に立ち向かい、それを解決していこう
とするみなさんにとっては、この「考える力」というのは、
まさに生命線です。これまでにない新たな行政課題が次々と
顕在化している中、前例を探すのではなく、自分の頭で考え
ることがますます重要になっています。面接対策の時間を、

その訓練の場として活用して欲しいと思います。

《STEP1　自分自身を見つめ直す》

　最初のステップは、自己分析です。

　面接は自分を売り込む場ですから、自分がどういう人間か、そしてこれから何をしたいと考えているのかを、しっかり説明できるようにしなければなりません。

　例えば、次のようなテーマについて考えてみてください。

　①自分の強み、弱みは何か

　みなさんの「売り」は何でしょうか。少しいやらしい言い方をすれば、みなさんを昇任試験に合格させることで、組織としてはどんなメリットがあるでしょうか。

　長所をただ並べるのではなく、**みなさんの強みを仕事にどう生かしていきたいかという視点から考えることがポイント**です。ある程度整理できたら、1分間の自己PRとしてまとめてみてください。

　一方で、自分の弱点を知ることも、極めて重要なことです。日頃、仕事をしている中で、自分にどんな点が足りないと感じていますか。謙虚な気持ちで、足りない部分を洗い出していきましょう。そこは、みなさんの「伸びしろ」でもあるのです。

②なぜ係長（管理職）を目指すのか

　面接試験では必ず聞かれる質問です。まずは素直に、なぜ昇任試験を受けようと思ったのか、思い起こしてみましょう。

　「上司に勧められたから」という理由の方も少なくないと思います。確かに、それは係長や管理職を目指す大きなきっかけではあったかもしれません。しかし、心のどこかには、「なりたい」というもっと前向きな気持ちがあるのではないでしょうか。その思いを改めて確認してください。

　「現状では何となく物足りなくなったから」というのも、よくある理由です。もう少し深く掘り下げて、物足りなくなったのはどんな点なのかを具体的に考えてみましょう。「もっとこんな仕事をしてみたい」という、より積極的な答えがきっと見つかるはずです。

　面接官はこの質問で、受験者の熱意を測ろうとします。受験者は、力強い言葉とともに、「なりたい」という意欲溢れる姿勢を見せなくてはなりません。心の奥にある熱い思いを、ぜひ探し出してみてください。

③係長（管理職）になって、何をしたいのか

　役職が一段上がると、何が変わるでしょうか。今までよりも多くの情報が入ってきて、見える景色もずいぶんと変わってきます。部下を育てることも、大切な仕事になります。

　そして一番大きな変化は、与えられる裁量が幅広くなり、

これまでよりもずっと、自分の思いを具体化できる立場に
なるということです。そのような状況になったときに、み
なさんは何を実現したいですか。

　何も野望のようなものがなくてもよいのです。まずは、
「職員が気持ちよく仕事ができるよう風通しのよいチーム
を作りたい」とか、「自分の知識や経験を部下に伝え、組
織に還元していきたい」といったことでもいいでしょう。

　自分のやりたいことができるようになるのは、大きな喜
びです。その喜びを感じながら、新たなステージでチャレ
ンジしたい仕事を、具体的に考えてみてください。

④今後、どのようなキャリアを積んでいきたいか

　今のみなさんにとって最大の目標は、まずは目の前の試
験をクリアして、一つ上のポストに就くことです。しかし、
それはあくまで通過点であり、そこがキャリアの終着点で
はないでしょう。係長として経験を積んでいけば、今度は
課長を目指してみようと思うかもしれません。

　将来の夢を持つこと、長期的な目標を持つことは、昇任
して以降も、毎日を張りのあるものにしていくために大切
なことです。そして、**面接試験に臨む今この時期こそ、公
務員としての今後のキャリアをじっくりと考える最高のタ
イミング**です。この機会に、10年後、20年後の自分の姿と、
そこに至るまでのプロセスを、できるだけ具体的にイメー
ジしてみましょう。

《STEP 2　これまで経験してきたことを振り返る》

　次は、みなさんのこれまでの経験を振り返る作業です。

　面接では、みなさんのこれまでのキャリアや、仕事の成果などを問われることがあります。これらは事実を思い起こせばよいのですから、そんなに頭を悩ませるものではないでしょう。リラックスして、過去の様々な出来事を振り返ってみてください。

①もっとも大きな成果を挙げた（達成感を得た）経験は何か

　これまで担当した仕事の中で、もっとも誇れる実績は何でしょうか。面接においてアピールしたい実績をいくつか挙げて、簡潔に説明できるようにまとめてみてください。まずは**組織としてどんな成果を挙げたか**を考えた上で、**その中で自分が果たした役割を明確**にすると、整理しやすいと思います。

　また、過去に成果を挙げてきた仕事というのは、みなさんにとって得意分野なのかもしれません。これまで残してきた実績から、自分の強みを分析してみるのもよいでしょう。さらに、その強みを、今後どのように生かしていきたいかも考えてみましょう。

②もっとも苦労した（失敗した）経験は何か（そこから何を学んだか）

　歯を食いしばって乗り越えた苦しい経験や、できれば思い出したくないような苦い経験を、誰もが一つや二つは持っているのではないでしょうか。それらの経験をただの辛い思い出に終わらせてしまうのではなく、そこから何らかの教訓を得て、成長の糧にしていかなくてはなりません。

　困難な状況に直面したときに、自分はどのようにそれを克服したか。また、過去の失敗から何を学び、次にどう生かしてきたか。それらを振り返ることで、みなさんのこれまでの成長の過程が明らかになり、次のステージに向かうためのエネルギーが湧いてくるはずです。

③大きな影響を受けた上司や同僚はいたか（それはどんな人物だったか）

　これまでのキャリアを振り返ると、仕事の基本を教えてくれた先輩、プロとしての厳しさを伝えてくれた上司など、みなさんが大きな影響を受けた人物が、何人か思い浮かぶと思います。その人たちから学んだことを、整理してみましょう。

　あわせて、周囲によい影響を与えるのはどんな人物であるかを、考えてみましょう。常に高い志を持って前向きに仕事に取り組む人、部下や同僚の意見に真摯に耳を傾ける人、厳しくとも愛情のある指導・育成ができる人などが思い浮かぶでしょうか。その視点が、「係長とはどうあるべ

きか」「どんな管理職になりたいか」などの質問を考える際のヒントになると思います。

《STEP 3　自分なりの哲学を整理する》

STEP 1とSTEP 2で考えたことを踏まえ、ここから、みなさんの「哲学」を明らかにしていきます。

次に例示する質問についても、何か正解があるわけではありません。

正解を探すのではなく、まずは**各々の問いに対するみなさんの考え方をはっきりさせること**。そして、**その思いを自分の言葉で表現できるようになること**。この2点を常に意識するようにしてください。

①係長（管理職）とはどうあるべきか

これから係長や管理職となるみなさんには、この問いに対する自分なりの確固たる答えを用意してほしいと思います。

答えに窮してしまうようであれば、管理監督職の役割に応じて考えてみましょう。

例えば、組織をマネジメントするという観点から考えると、どうでしょうか。

「係長とは、チームとして大きな成果を挙げられるよう、部下一人ひとりの能力を最大限に引き出す存在であるべき

だ」という考え方があるでしょう。

　では、部下の持つ能力を引き出すためには何が必要でしょうか。まずは「部下の長所と短所とをよく把握すること」が大切でしょう。その上で、「部下の一人ひとりと話し合いながら、それぞれの能力に合った目標を設定すること」といった係長（管理職）のあり方が少しずつ見えてくるのではないでしょうか。

　このようにして、**自分なりの「あるべき論」をまず考え、さらに「そうなるために何が必要か」という質問を繰り返し、どんどん深く追求していきましょう。**

　以下に、その他の切り口を例示します。それぞれの観点から、係長（管理職）はどうあるべきかを考えてみてください。

- ・「上司を補佐する」ために、係長（管理職）はどうあるべきか。
- ・「部下を育てる」ために、係長（管理職）はどうあるべきか。
- ・「的確な判断をする」ために、係長（管理職）はどうあるべきか。
- ・「組織として成果を挙げる」ために、係長（管理職）はどうあるべきか。
- ・「誰もが生き生きと仕事をする」ために、係長（管理職）はどうあるべきか。

43

②今後の施策の方向性はどうあるべきか

　この問いにも正解はないのですが、面接官は知識、経験ともに豊富ですから、みなさんよりもずっと具体的なビジョンを持っているはずです。そのため、下手なことを言ってはいけないとつい萎縮してしまいがちですが、そんなことを気にする必要はありません。**面接はあくまで、みなさんがどう考えるかを語る場なのです。**

　このテーマも、もう少し具体的な課題に絞って考えてみましょう。

　例えば、国内外からみなさんの自治体への旅行者を増やすには、行政として今後どのような取組を進めていくべきでしょうか。

　まずは、「観光資源として何をPRしていくかを明確にする」という考え方が基本になるかもしれません。その上で、「いかなる方法で魅力をPRすると効果的か」ということを考えないといけないでしょう。さらに「旅行者を受け入れる体制をどのように整備するか」を検討する必要があります。これは、ソフト・ハードの両面から考える必要があるでしょう。

　このようにして、自分がその施策の責任者になったつもりで、行政課題の解決策を多様な角度から検討し、知恵を絞ってみましょう。

　このほか、福祉、教育、環境など、今後みなさんが担当するかもしれない行政分野を中心に、様々な課題について

その施策の方向性を考えてみてください。参考までに、以下にいくつか例示します。

・少子化（人口減少）を打破するために、何をしていくべきか。
・高齢社会への対応として、何をしていくべきか。
・地域の産業をより活性化していくために、何をしていくべきか。
・いつ起こるかも知れない大地震や自然災害への備えとして、何をしていくべきか。
・女性がより一層活躍できる社会を作るために、何をしていくべきか。

《STEP 4　面接シートを作成する》

　自分なりの考え方がある程度整理されてきたところで、いよいよ面接シートの作成にとりかかります。
　手元のノートを見返しながら、STEP 1からSTEP 3までの間に考えてきたことを、面接シートに落とし込んでいきましょう。
　面接シートの具体的な書き方については、次章で詳しく述べます。

《STEP 5　想定問答を用意する》

　面接対策の総仕上げとして、想定問答を作成しましょう。

　想定問答は、ノートに書かれた内容を見やすくまとめるくらいのイメージでよいと思います。細かな想定問答を作りそれを一言一句暗記するようなことは避けるべきです。なぜなら、丸暗記した想定問答を棒読みするような受け答えは、面接官にとっては非常に印象が悪いからです。

　したがって、**想定問答はキーワードを頭に入れやすいような形に整理する**程度にとどめ、**面接本番でも、そのキーワードを使って臨機応変に答えることを目指しましょう。**想定問答の作成に時間をかけるくらいなら、むしろ**STEP 1**から**STEP 3**までのプロセスに、より丁寧に取り組むほうが賢明です。

****

　係長を目指す皆さんにお話ししたいことは、"係長になると仕事の内容・役割が変わる"ということ。実際に係長になってみて色々と感じる・考えるところが多々あります。今回は、そういったことを"係長の心構え"としてまとめてみました。と言ってもこれが正しいというものではありません。共感できる・できないにかかわらず今後の参考にしていただければ幸いです。

■仕事は部下に任せる

　係長になりたての頃は、ついつい自分で実務をやってしまいがち。そうした方が早いし、よいものができる、部下に感謝される等々と思っても、それでは部下も組織も成長しない。結局自分が仕事を抱え込んで苦しむはめになってしまう。実務はできるだけ部下に任せ、判断に迷ったとしてもどうしたらよいか考えてもらう。係長はそのマネジメントを心がける。そうは言ってもこれがなかなか難しい。

■部下の仕事を確認

　係長は部下の仕事を確認し、助言・指導に力を注ぐ。これも結構難しい。自分のイメージと違うものが出されたときに、どう助言・修正するのか、どこで妥協するのか非常に悩む。

　最近は改善・工夫、残業時間削減が重視され、"確認"が疎かになり、ケアレスミスが多くなる傾向がある。ひたすらチェックし、部下に注意を促す。丁寧・確実に仕事ができるようになってもらうことが、持続的な残業時間削減につながると思うのだけれど…。

■基本は優しく、ときには厳しく

　人員減・仕事増でみんな忙しい。冗談や愚痴を交えつつ、部下の仕事の状況・体調に配慮する。しかしケアレスミスが続くときなどには気を引き締め、適度な緊張感を持ってもらうよう、厳しく接することも必要。ただしネチネチと説教することは避けたい。

■信頼を得る努力

　「係長は何もしない」「楽してるよな」「仕事できないんじゃない？」などと陰口を叩かれないよう、部下の仕事をしっかり見る、約束を守る、そして時にはできるところを見せる。裏では何と言われようとも、その気持ちだけは持っておきたい。

■ダメなものはダメと言う

　部下から「係長、頭固いよな」「融通が利かない」などと言われるのを恐れて、「まあ仕方ないか」と許してしまうのは要注意。実務では正しいことばかりではくグレーな問題が多々発生する。グレーを可能な限り白に近づける努力をして、それでもダメなものはダメと言う。迂闊な気持ちで押印して後で問題になったとき、信頼を失うのも後悔するのも自分である。

■部下の基礎力を高める

　担当業務をマニュアル的にこなす部下はありがたいもの。しかし、どの部署に異動しても重宝される職員を育てたい。机でパソコンに向かうだけではなく、様々なことに興味を持って、大局的に物事を考えられるようになってほしい。そのためには上司・幹部職員と積極的に話をするよう促すことが第一歩。

　私が望むのは、前向きで信頼できる人が多く育ち、自分自身もまわりから信頼されるような人になり、そういう環境で仕事がしたいということ。仕事にはストレスがつきもの。人間関係のストレスは少しでも改善したい。よい部下を育て、その部下がさらによい部下を育てる。そういう好循環を作りたい。

　色々な考えがあって当然だが、職場の中に困った人がいると気持ちよく仕事ができないのはみんな同じだと思う。気持ちよく仕事をするためにどうすればよいか、ぜひ係長になって考え、実践してほしい。

****

■何故、管理監督職を目指すのか？

　皆さんは、なぜ、管理職あるいは監督職になろうと思ったのでしょうか？「大局的な立場で仕事をしたい」、「部下の指導育成をしたい」、「偉くなりたい」、「給料が上がる」…色々な動機があると思います。

　私の場合、もちろん色々な動機が混在していたのですが、敢えて一つ挙げるとすれば、「極端にタイプの違う二人の上司（管理職）に出会い、自分でも管理職としてやってみたい」と思ったことです。一人は、部下の意見をよく聞き、状況把握に優れ、迅速かつ的確な判断をするタイプ。もう一人は、部下の意見を聞かず、頭ごなしにモノを言い、自分の思い通りにならないと罵声を浴びせるタイプ（やや極端かもしれませんが…）。前者のような管理職に憧れ、後者のような管理職にはなるまいと思ったのがきっかけでした。

　管理監督職として十数年が経過しましたが、果たして自ら理想とする上司になれているか、今一度自分自身を見つめ直してみようと思っています。

■いざ、管理監督職になったら…

　さて、皆さんが、いざ管理監督職となった際の心得（！）みたいなものに触れてみましょう。何よりも大事なことは、組織をマネジメントすることだと思います。どんなに能力や経験がある人でも、一人でできる仕事には限界があります。組織全体でのパフォーマンスを最大限に引き出すことが管理監督職の役割ではないでしょうか。

　そのためには、職員一人ひとりがベストをつくせる環境を整えることです。決して甘やかすという意味ではありません。時には厳しく、時には温かく、必要なのは「愛」だと思います。どんな仕事にも「愛」を持って臨み、部下に対しては「愛」を持って指導育成に当たる！　これが全てではないでしょうか。皆さん一人ひとりが、部下が憧れる管理監督職になられることを心より期待しています！

■管理監督職としての羅針盤を見つけよう！

　次に、「愛」を持って組織を牽引していくために、私が大切にしていることを紹介します。

　「やってみせ、言って聞かせて、させてみせ、ほめてやらねば、人は動かじ。話し合い、耳を傾け、承認し、任せてやらねば、人は育たず。やっている、姿を感謝で見守って、信頼せねば、人は実らず。」です。これは、かつて大日本帝国海軍で連合艦隊司令長官を務めた山本五十六元帥海軍大将の名言です。

　管理監督職にある者は、手本を示し、明確な指示を与えた上で、職員の自主的な取組を促す。職員は、職務を任され、やり遂げたときの達成感に自信を漲らせる。この積み重ねが、強いチームを作る最も基本的な営みだと思っています。人を育てることは容易いことではありませんが、管理監督職としての最も基本的な責務であるということを改めて申し上げておきたいと思います。

　これは、あくまで私のモットーです。ここで申し上げたいのは、皆さん自身が仕事を進める上での羅針盤（基本スタンス）を持つことが重要だということです。何かに迷った時には、自分の拠り所とする羅針盤に立ち返るとよいでしょう。

■よい仲間を作ろう！

　これから先、管理監督者としての道は必ずしも平坦ではありません。大事なことは、よい仲間を作ることです。険しく厳しい道であっても、仲間と一緒であれば何とか進むことができるものです。

　私は部下に対して「一人になるな、一人にするな」と繰り返し伝えています。決して一人で仕事を抱えないように、また、管理監督職の立場にある者には部下に一人で仕事をさせないように…。同期や職場の上司、場合によっては部下でもよいと思います。周囲の人をどれだけ巻き込んで仕事ができるか！　これも管理監督職として成功する秘訣の一つだと思っています！　がんばってください!!

③　相手をまっすぐ見る

　面接官の目をしっかり見て話しましょう。目をそらして
話すと、自信がないような印象を与えてしまいます。

④ はっきりとした口調で、明快に話す

　だらだらと話しているが結論がよくわからないというの
ではいけません。「〜だと考えます。」というように、まず
結論を先に述べ、続いてその理由を説明すると、明快な印
象を与えることができます。

　これまでのプロセスを通し、みなさんは自分なりの「哲学」を整理できたでしょうか。私はどんな人間なのか、これからどのように仕事に取り組んでいきたいのか、といった基本的な考え方が見えてきたでしょうか。

　それらを座標軸としてしっかり定めた上で、いよいよ面接シートの作成にとりかかりましょう。

〈面接シートとは何か〉

　ほとんどの面接試験では、事前に面接シートの提出が求められていることと思います。面接シートは、次の三つの重要な意味を持っています。

　第一に、面接シートは、面接官にとっては**受験生の第一印象**になるものです。面接シートを読めば、それを書いた受験生がどんな人物であるか、ある程度のイメージを持つことができます。あくまで面接試験の中身が勝負であることは言うまでもありませんが、面接シートが受験生に対する最初の印象を形成するということを、よく認識しておいてください。

　第二に、面接シートは、**面接試験のシナリオ**になるものです。面接試験は、基本的に面接シートの設問に沿って進められます。面接シートに記載されている内容について、より詳細な質問を重ねていくというのが、通常の面接の流れです。したがって、面接シートを作成する際には、これを書いたら

こんな質問をされるだろう、これについて聞かれたらあの話をしようというように、自分で面接のストーリーを作りながら、書いていくことが大切です。

　第三に、面接シートは「正解」を書くものではなく、**みなさんの「考え」を書くもの**です。前章で述べたように、面接試験は正解を答える場ではなく、みなさんの考えを語る場ですから、これは当然のことです。したがって、「こんなことを書いたらまずいだろうか」などと変に萎縮する必要はありません。これまで整理してきたみなさんの考えに自信を持って、自分自身の思いを素直に面接シートに書いてください。

〈面接シート作成のポイント〉

　以上を踏まえ、面接シートの作成における留意点を確認しましょう。

①自分の言葉で書く

　それぞれの設問に対して、自分自身がどう思うかを、自分の言葉で書くことを心がけましょう。他人の説の受け売りや、どこかから持ってきた言葉をいくら並べても、薄っぺらい文章にしかなりません。**自ら深く考え、自ら導き出した言葉には魂がこもり、その言葉を並べた面接シートには迫力が出ます**。自身の「哲学」を、文章の中にしっかりと落とし込むことを目指しましょう。

②戦略的に書く

　前述のように、面接シートは面接試験のシナリオになる

ものです。当日の面接の流れ（面接官とのやりとり）をイメージしながら、戦略的に作成するようにしましょう。ただ設問に沿ってシートを埋めていくのではなく、「**これを書いたら面接官に何を聞かれるか**」ということを常に意識することが重要です。例えば、過去の成功体験など、面接の場でぜひアピールしたいことがあれば、面接シートにはあえて抽象的な記載にとどめることで、面接官の質問を誘導するという戦略があってもよいでしょう。

③自分の色を出す

　面接官は一日に何枚もの面接シートを読みますので、判で押したような面接シートが並んでいると、正直うんざりすることもあると思います。逆に言えば、他とは一味違う、きらりと光る個性がにじみ出たシートを目にしたら、面接官に強い印象を残すことができます。ぜひ、**面接官の興味をそそるオリジナルのフレーズを散りばめる**など、**自分の色を出す**工夫をしましょう。

④多少の誇張はよいが、嘘はダメ

　人として謙虚な姿勢であることは大切ですが、面接に関して言えば、あまり謙虚になりすぎてもインパクトを残せません。面接はアピールの場ですので、過去の成果や実績を若干誇張して話をすることは、テクニックの一つとして許されるでしょう。同様に、面接シートでも、**事実を多少大げさに書くことは、許容範囲**と言えると思います。ただし、決して嘘を書いてはいけません。面接で問い詰められたら、嘘は面接官に見破られてしまうと考えたほうがよい

でしょう。

⑤他人に読んでもらう

　シートを書き終えたら、同僚や上司、家族など、信頼の置ける人に読んでもらい、わかりにくい箇所はないか、どのような感想を持ったかなど、率直な意見をもらいましょう。普段の仕事の状況をよくわかっている上司や同僚などにとっては理解しやすい内容であっても、家族や友人など、仕事の中身を何も知らない人が読んだ場合には、意図が十分に伝わらないこともありえます。できれば、**普段の仕事とは離れた関係にある人に、読んでもらうとよいでしょう**。

以上を踏まえ、実際に面接シートを書いてみましょう。

イマイチな回答とグッとくる回答を並べて示していきますので、参考にしてください。

1 あなたはなぜ係長（管理職）になりたいのですか

面接試験では必ず聞かれる質問です。ここでは、係長や管理職になりたいという強い熱意と意欲をしっかりと表現することが大変重要です。

①やりがいを求めて

― イマイチな回答😌 ―

　これまで主任として様々な業務に携わり、一定の成果を挙げることができた。今後は一つ上のステージに立ち、仕事に対する更なるやりがいや充実感を求めていきたいと考えたため。

現状の仕事には物足りなさを感じるようになり、「更なるやりがい」を求めるために係長や管理職を目指すというのは、決して少なくないケースだと思います。本音としてはありだとしても、面接の場で言うとなると、少し注意が必要です。

つまり、職層が上がることが、そのままやりがいにつなが

ると言えるのかどうかを、よく考える必要があります。もし仕事のやりがいを求めるだけであれば、昇任などしなくても、より高い目標を設定するなど仕事に対する意識や心がけを少し変えるだけで、実現できるのではないでしょうか。そのように考えると、この答えは説得力に欠くと言わざるをえません。

> **ポイント**
>
> 　管理監督職にならないと実現できないことは何かを考える。

> **グッとくる回答☺**
>
> 　これまで培ってきた専門性や経験を生かし、組織の意思決定の過程により主体的に関わることで、市政が抱える課題解決のために積極的に貢献していきたいと考えたため。

　この回答のよいところは、「組織の意思決定の過程により主体的に関わる」という管理監督職の役割を十分に認識した上で答えている点です。

　管理監督職になると、自ら考え、行動したことが、より直接的に施策や事業となって社会に広がっていくことになります。これこそが管理監督職の仕事の醍醐味であり、管理監督職でないとできないことです。そこを意識した上で、その重

責を自ら担っていきたいという理由は、志望動機として非常に説得力があります。

②経験を伝えたい

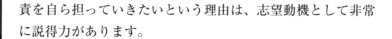

> イマイチな回答😕
>
> 　これまでのキャリアの中で得た知識や経験を後輩に伝え、組織に還元していくことで、市政に更に貢献したいと考えたため。

　これまで育ててもらった恩返しに、今度は自分が後輩を育てていきたいという理由から、管理監督職を目指すケースもよくあると思います。

　しかし、後輩を育てること、知識や経験を組織に還元することは、上で見たケースと同様に、係長や管理職でなくてもできるという点に注意が必要です。係長や管理職となって実践したいこととして人材育成を語るのであればよいのですが、これを志望動機として挙げてしまうと、「主任の立場から育成に取り組めばよいではないか」という反論が当然に予想されます。

> ポイント
> 　主任と係長（管理職）との役割の違いを意識する。

グッとくる回答😊

　これまでの経験で得た知識やノウハウを後輩へ伝えるとともに、今後は職員一人ひとりの能力を引き出し、組織の力を高めていくことで、市政に貢献していきたいと考えたため。

　これまでは隣の席の若手職員を育てることがみなさんの役割だったかもしれません。しかし、係長や課長となれば、組織をマネジメントする立場から、より多くの職員の状況を把握し、**一人ひとりの能力を引き出す**ことで、**組織として成果を挙げていかなくてはなりません**。ここが、一介の担当者と組織の長との大きな違いです。

　このように、現在のみなさんの役割と、係長（管理職）に求められる役割との違いを意識した上で、これからは後者の責任を果たしていきたいというストーリーに仕立てれば、説得力が出てきます。

③憧れの上司のようになりたい

イマイチな回答😔

　現在の職場に、能力的にも人格的にも非常に尊敬できる管理職がおり、私もそのようになりたいと考えたため。

　憧れの上司の姿を見ているうちに、自然と自分もそこを目

指すことを考えるようになったというものです。このような志望動機は、実際の面接の場でも、その上司のことを思い浮かべながら回答することができるので、何を突っ込まれても比較的答えやすいのではないでしょうか。もし手本となるような素晴らしい上司が身近にいるのなら、ぜひこの回答パターンを使うとよいでしょう。

　ただし、その上司のどのような点が優れているのか、しっかり分析しておくことが必要です。面接シートにも、その部分についての具体的な記述が欲しいところです。

ポイント

　上司のどこが尊敬できるのか、自分の言葉でしっかり表現する。

グッとくる回答☺

　常に明確なビジョンを語り、自ら先頭に立って組織を力強く導いていく課長の下で仕事をし、大きな達成感を味わった経験があり、私もそのような管理職を目指したいと考えたため。

　ここまで具体的に記載すれば、この面接シートを書いた受験生がこの管理職からどれだけ大きな影響を受けたかがよくわかりますし、そのことが管理職を目指す大きなきっかけとなったこともしっかりと伝わると思います。面接官にしてみ

れば、志望動機についてはもはやこれ以上聞くこともないのではないでしょうか。

　また、志望動機を整理する中で、このように理想の管理職像について確固たる考えを持つことができれば、次に紹介する「どのような管理職になりたいか」といった質問にもスムーズに答えることができるはずです。

前章のSTEP3「自分なりの哲学を整理する」の中で、
「係長（管理職）とはどうあるべきか」について、じっくり
考えたことと思います。そこで考えたことをベースにして、
この設問への答えを考えてみましょう。

また、ここで理想とする係長（管理職）像を語ると、次に
はこんな質問が飛んでくることが想定されます。

「そのような係長（管理職）になるために、あなたはこれ
から何をしていこうと考えていますか」。

この答えも、セットで考えておくとよいでしょう。

①成果を挙げる

― イマイチな回答😊 ―

　常に幅広い知識の習得に努め、その識見を元に大所高
所から的確な判断を行うことで、市政に貢献することの
できる管理職になりたい。

決して悪いことを書いているわけではないのですが、自分
一人で仕事を成し遂げようとしているような、どこか冷たい
印象を受けてしまいます。

管理監督職になると、自分自身の手で仕事を仕上げるより
も、人を動かして仕事をする場面が多くなります。いかに部
下を動かし、組織としての成果を挙げるかが問われるのです。

この回答は、そういった視点が欠けているところに、やや物足りなさを感じます。

> **ポイント**
> 「人を動かす」という視点を忘れない。

グッとくる回答☺

　困難な場面に直面しても、現状を冷静に分析し、今後進むべき方向性を明確に示すとともに、部下の力を最大限に引き出し、チームの力で課題を解決していくことのできる管理職になりたい。

　職員が皆、頭を抱えてしまうような難しい状況に直面したときに、決して動じることなく組織を的確に導き、職員の力を引き出しながら状況を打開していく、そんな頼もしいリーダーを目指したいというものです。

　部下を動かして仕事をするという、管理職の役割を意識したことで、上の記載例とは大分印象が変わってきます。どんなに優れた管理職でも、自分一人の力では何もできません。**いかに職員を動かし、巻き込みながら仕事を進めるかが大切**だということを、頭に入れておきましょう。

②部下が仕事をしやすい

> **イマイチな回答😣**
>
> 　部下と円滑なコミュニケーションを図ることで、部下から何でも相談される係長になりたい。

　部下と円滑なコミュニケーションがとれるというのは非常に大切なことですが、「何でも相談される係長」が理想の上司の姿であると言い切ってしまうのは少し危険かもしれません。

　確かに、係長が何でも話を聞いて対応してくれれば、部下にとっては非常に楽ですので、部下からの評判はよいかもしれません。しかし、そのような状況で、部下を育成すること、更には組織としての課題を着実に解決していくことといった、係長としての重要な責任を果たしていけるのか、やや疑問を感じます。

> **ポイント**
>
> 「仕事の成果を挙げる」という視点を忘れない。

> **グッとくる回答😊**
>
> 　常に明るく前向きな姿勢で仕事に向き合い、周囲の職員が生き生きと働くことのできる環境を作ることで、組織としての目標を確実に達成することのできる係長になりたい。

　仕事に対して常に前向きなリーダーには、部下も話がしやすいですし、自然と部下がついていくものです。リーダーが明るいと、組織も明るくなります。**明るく活気のある組織では一人ひとりの職員が力を存分に発揮することができるので、チームとしてのパフォーマンスも高まるでしょう。**

　「上司に何でも相談できる」ことも大切ですが、「生き生きと仕事ができる」ことのほうが、仕事の成果に直結する印象があります。面接シートを作成する際は、このようなちょっとした言葉の使い方にも気を配りましょう。

③部下を育てる

> **─ イマイチな回答😣 ─**
>
> 　部下に対し的確かつ丁寧な指導を行い、有能な人材を育てることのできる管理職になりたい。

　人材育成は管理職の重要な仕事ですが、この記述ではあまりに抽象的で、どのように育成しようとしているのか見えてきません。どうすれば人を育てることができるのか、自分なりの思いを書き込みたいところです。

　面接官には人材育成に関して一家言を持っている方が多いので、人材育成は面接の場で質問されやすいテーマの一つと言えます。これから人を育てる立場になるみなさんも、この機会に人を育てることについて自分なりの考えを明確にしておく必要があります。

　どのようにして部下を育てるか、自分の哲学を書き込む。

グッとくる回答😊

　職員一人ひとりの個性をよく把握し、その長所は更に高め、短所はチームワークで補い合うことで仕事の成果を挙げ、職員に多くの成功体験を積ませることのできる管理職になりたい。

　人を育てるために必要なことは何かを考え、具体的に書いている点が評価できます。「職員を育てるためにはどうしたらよいか」、「職員に成功体験を積ませるにはどうしたらよいか」など、自分自身に何度も問いかけを続けることで初めて、ここまでしっかりした考え方が見えてくるのです。

　人材育成は、管理監督職の最重要課題の一つです。自分が考える育成論を面接の場で明快に語ることができるよう、十分な準備をしてください。

3 係長（管理職）として、どのような仕事に取り組みたいですか

　みなさんが係長や管理職となり、自らの思いをより実現できる立場に置かれたときに、どのような仕事をしていきたいか、率直な思いを書いてみましょう。

　この回答も、**なるべく具体性を持たせること**が大切です。自分がこれから取り組みたいと考えている仕事ですから、そのイメージは可能な限り鮮明にしておいたほうが、面接官に熱意が伝わるはずです。

①安全・安心

> ── **イマイチな回答**😔 ──
>
> 　東日本大震災の教訓を生かした防災体制の充実・強化に取り組み、県民の生命・財産を守っていきたい。

　東日本大震災の教訓とは何か、防災体制の充実・強化とは何かなど、突っ込みどころが満載の記述です。もちろん、面接の場でしっかり答えることができればよいのですが、もう少し具体的なことを書かないと、意欲が伝わってきません。

　とは言っても、防災対策には様々なものがありますから、どのレベルまで面接シートに書き込めばよいのか悩ましいところです。そこで、次のポイントを意識してみましょう。

69

施策はハード・ソフトの両面から考える。

グッとくる回答😊

　いつ起こるかも知れない大震災から一人でも多くの県民を守るために、木造住宅密集地域の不燃化促進や、防災・減災教育の推進など、ハード・ソフトの両面から本県の防災力を高めていきたい。

　地域の防災力を高めるための取組として、「木造住宅密集地域の不燃化促進」や「防災・減災教育の推進」という例示を加えている点が評価できます。また、ハード・ソフトの両面から記載していることで、**施策に奥行きが出て、バランスのよい印象を与える**ことができます。

　ただし、このレベルで満足してはいけません。面接当日には、どうすれば不燃化が進むか、どのような取組を進めれば防災・減災教育が浸透するか、といった二の矢、三の矢が飛んできますので、もう一歩掘り下げて考えておきましょう。

②産業振興

イマイチな回答😊

　人口減少と高齢化が進む中にあっても、将来にわたり本市の活力を維持できるよう、市内産業の振興に取り組みたい。

　人口減少社会に突入し、地域の活力を維持・向上させることは、どの自治体にも共通の課題となっています。この例では、街の賑わいや活気を創出するために、市内産業の振興を図りたいという思いは伝わるものの、その具体策がないために、どこか物足りなさを感じます。

　面接官にしてみれば、何かよいアイディアを持っているのではないかと期待したくなるところです。

ポイント⑧
　具体的施策を書く際には、可能な限り独自性を出す。

グッとくる回答😊

　本市の食文化などの魅力をより効果的に発信し、国内外から旅行者を積極的に誘致することで、市内産業に新たな需要を生み出し、本市を更に活気に満ちた街へと変えていきたい。

街を活性化するために、旅行者を誘致したいという考えを示し、そのための方策として、「食文化などの魅力をより効果的に発信」という具体的な提案をしています。街の活力を高めたいという漠然とした思いではなく、旅行者を誘致するために何が必要か自分なりにしっかりと考え、「食」に着目した点に個性を感じることができます。

　読み手からすると、「より効果的に発信」するための手法として何を考えているのか気になるところですが、ここまで具体的に書けていれば、そこはあえて面接シートに書かず、面接本番の質問を誘導し、自らの口で語るというのも、有効な戦略でしょう。

③少子化対策

── **イマイチな回答☹** ──

　少子化に歯止めをかけるために、保育所の整備を推進し、待機児童の解消を図っていきたい。

　少子化の背景には様々な要因があるにもかかわらず、保育所を整備しさえすればそれを解決することができるかのような記載になっている点が気になります。ここはもっと幅広い取組が必要であることを訴えるべきでしょう。

　また、保育所の整備をどのように進めていくべきか、もう少し具体的な記載がないと、本当にこの仕事に取り組む熱意があるのか心配になります。

ポイント

　多様な角度から検討していることをアピールする。

グッとくる回答😊

　子どもを産み育てやすい環境を作るため、乳幼児人口の動向など、市民の需要をきめ細かく捉えながら保育所の整備を機動的に進めるとともに、男性向け育児セミナーの開催などを通し、男性の育児参加を促していきたい。

　どのようにして保育所の整備を進めていくか、実務家の視点を生かし、具体的に書かれています。また、保育所の整備というハード面だけでなく、男性の育児参加を促すというソフト面からのアプローチが加わったことで、「子どもを産み育てやすい環境を作る」取組について、幅広い視点から考えていることが伝わってきます。

　行政の現場において様々な角度から課題の解決策を検討するのと同じように、面接シートに具体的事業を書き込む際にも**複数の事業を組み合わせる**ことで、視野の広さをアピールできるでしょう。

みなさんが日頃どのような問題意識を持って仕事に取り組んでいるかが問われる設問です。担当業務に関することが書きやすいと思いますが、それだけでなく、市政（県政）全般を見据え、今後解決していかなければならない課題について、自分の考えを整理しておく必要があります。

①高齢化

― イマイチな回答😑 ―

　高齢化の進展に伴う扶助費の増大により、本市の財政運営は予断を許さない状況にある。今後は元気な高齢者を増やすための施策を充実させることで、財政負担の軽減・平準化を図っていく必要がある。

　一読するとしっかりとしたことを書いているようにも見えますが、これでは高齢化の進展を課題として捉えているのか、それとも財政負担の増大を課題と考えているのか、よくわかりません。

　面接の場での回答についても言えることですが、「課題は何か」と聞かれたら、「〜が課題である」と最初に述べ、その後に補足の説明などを加えましょう。まずは設問に対して正面から答えることが大切です。

ポイント

質問には正面から答える。

グッとくる回答☺

高齢化の進展に伴い、高齢者がいつまでも地域で元気に活躍できる環境を整備することが課題である。高齢者が持つ知識や経験、能力を地域に還元してもらえるよう、就労やボランティア活動、若年層との交流の機会等をより積極的に提供していくべきと考える。

最初に課題が何であるかをはっきりと書いています。その上で、今後何を進めていくべきかを具体的に述べることで、課題とその対策がセットになって読み手にしっかりと伝わります。

なお、ここに書かれている高齢者の就労支援やボランティア活動への参加促進などの取組は、どの自治体でもすでに実施している可能性があります。そのような場合には、「より積極的に」とか、「これまで以上に」などの表現を入れておくと、安心です。

②住民ニーズの把握

　行政に対する県民の視線は厳しさを増している。我々はこれまで以上に県民のニーズを的確に把握し、その期待に応えるよう一層努力していくべきである。

　「住民ニーズ」という言葉はやや使い古された感もありますが、これを把握することなしに行政の仕事が成り立たないのは今も昔も変わりません。したがって、「住民ニーズの把握」は、面接においては様々な場面で使える使い勝手のいいテーマと言えます。

　しかし、この回答では、住民ニーズの把握が必要だという当たり前のことしか書いていないので、どこか他人事のような印象を受けます。課題として挙げるからには、その課題にどう向き合うべきか、リアリティを持って考える必要があります。当事者意識をしっかり持って、みなさんがこれからどのような行動を起こしたいと考えているかを具体的に書きたいところです。

ポイント

　課題を解決するために自分自身が何をすべきか、具体的にイメージする。

> **グッとくる回答😊**
>
> 　人々の価値観やライフスタイルが多様化する中、県民のニーズを的確に捉え施策に反映させていくことが大きな課題である。県の職員は積極的に現場に足を運び県民の声に耳を傾けるとともに、第一線で働く市町村職員との意見交換を大事にする必要があると考える。

　「価値観やライフスタイルの多様化」に言及したことで、なぜ県民のニーズを的確に捉えることを課題と認識しているかがよくわかるようになりました。

　また、県民のニーズをつかむための方法として、現場に足を運ぶこと、市町村職員との意見交換を大事にすることという具体的な行動が書かれたことで、課題を解決するために自分が何をすべきかをしっかり考えていることが伝わってきます。

　課題にどのように向き合っていくべきかリアリティを持って考えることで、このような具体的記述が可能になるのです。

③新たなチャレンジ

――イマイチな回答😣――

　本市の職員は、前例踏襲を重視するあまりチャレンジ精神に欠け、結果として業務のマンネリ化が広がっていることが課題である。一人ひとりの職員が創意工夫を凝らし、これまでとは異なる新たな発想で仕事に取り組むことで、絶えず業務の改善を図っていくべきである。

　多くの場合、面接官はみなさんの自治体の幹部職員です。幹部職員にとっては、現状の組織への批判は自分自身に向けられているものと捉えます。

　「前例踏襲」、「チャレンジ精神の欠如」、「マンネリ化」など、ここまで批判的な言葉を並べてしまうと、面接官の心証を害してしまう可能性があります。もう少し表現に配慮したほうがよいでしょう。

　なお、現状の課題を指摘する際には、「これまでも～に取り組んできたが、まだ改善の余地がある」などの表現にすると、あまり批判的な印象を与えません。

　ポイント
　現状の体制への批判はほどほどに。

┌─ グッとくる回答😊 ════════════
│
│　本市の職員は、国や県が作った制度の中で仕事をする
│機会が多いことから、市独自に新たな事業を作っていこ
│うとする気概にやや欠ける面がある。現場の利点を生か
│し、住民に喜ばれるような事業を自ら創出していけるよ
│う、職員の意識改革や政策法務能力の向上により一層努
│めていくべきと考える。
│
└────────────────────────

　新たなものを作り出そうとする気概に「やや欠ける面があ
る」と、少し柔らかい表現を使いました。また、課題をただ
指摘するだけでなく、その要因として、「国や県が作った制
度の中で仕事をする機会が多い」という分析までしている点
が評価できます。
　この記載例で気になるのは、「職員の意識改革」という箇
所です。面接では、「職員の意識改革は、どのように実行し
ていけばよいか」という質問がされることが想定されます。
例えば、市役所であれば、国や都道府県、民間企業との人事
交流を進めることなどが、一つの有効な策と言えるでしょう。
また、幹部クラスのポストに民間人を登用するというのも効
果的かもしれません。

79

この問いに対しては、多少大げさでもよいので、みなさんのこれまでの成果を積極的にアピールしましょう。ポイントは、**何かリーダーとしての役割を果たした実績を強調する**ことで、組織のリーダーとして活躍できる十分な素質があると示すことです。

実績を説明するに当たっては、課題を解決するためにどんなアクションをとったのか、みなさんが奮闘する姿が目に浮かぶくらい、具体的に書くことを目指しましょう。

①プロジェクトチームのリーダー

── イマイチな回答😔 ──

税務事務所に勤務した際、「通達等データベース」を構築するためのプロジェクトチームを結成し、そのリーダーとして、システム構築作業の中心的役割を担った。データの収集・選定等に多くの困難を伴ったが、無事にデータベースを構築することができた。

唐突に「通達等データベース」という言葉が出てきますが、それを構築することになった背景や、どのような目的でそれを構築しようとしたのかが不明です。

また、プロジェクトチームのリーダーとして何をしたのか、そのデータベースを構築したことでどんな成果があったのか

もわかりません。これではほとんど実績のアピールになっていません。

> **ポイント**
> アピールしたい自分の実績（能力）を明確にする。

グッとくる回答😊

> 　私が勤務した税務事務所では、通達やマニュアル、事例集等がバラバラに管理されており、目的とする文書を探し出すことに大きな労力を費やしていた。そこで、それらをデータベースで一元管理することを企画し、それを実現するために所内の若手職員を集めたプロジェクトチームを結成した。私はそのリーダーとして、作業の進捗管理を行うとともに所内各課との調整を積極的に行った。このようにして「通達等データベース」を構築したことで、職員の利便性を大幅に高めることができた。

　ここまで具体的に記載すれば、現状の課題を発見する能力、データベースの構築を提案する企画力、プロジェクトチームを自ら立ち上げた実行力、進捗管理や所内調整を行うリーダーシップなどを備えていることを、しっかりとアピールできます。

　このように、みなさんのどんな能力をアピールしたいかを考えながら書くことが大切です。

81

②方針の策定

┌─ **イマイチな回答**☺ ─

　本市では団塊世代の職員の大量退職に伴い、ベテラン職員の知識を継承し職員の専門性を維持・向上させることが課題となっている。そこで、本市の人材育成基本方針を10年ぶりに見直し、組織全体で人材育成に取り組むための体制整備を図った。

　事実を淡々と述べているだけで、読み手の心に何かを訴える力が足りません。新たな人材育成基本方針を策定するまでには様々な苦労があったと思いますが、それが全く伝わらないのです。策定に当たって何を考え、自分自身がどのように動いたのかを、しっかり書き込む必要があります。

　また、新たな人材育成基本方針が従来のものとどう違うのかを明らかにすると、より実績を強調することができると思います。

ポイント⑭
　自分が何を考え、どのようなアクションを起こしたかを書き込む。

グッとくる回答😊

　少数精鋭型の組織を作り上げるために、本市の人材育成基本方針の全面的な改定を行った。改定に当たっては、本市の職員に求められる能力を明らかにすることを目指し、各部の担当者との徹底的な議論を重ねていった。その結果、職場ごとに必要とされる専門性と、それを習得するための具体的取組を明確化した、新たな基本方針を策定することができた。

　職員に求められる能力を明確にするために、各部の担当者と徹底的な議論をしたという具体的な行動が書かれたことで、方針の策定に当たり様々な困難を乗り越えたであろうことが予想できます。このように書けば、みなさんがアグレッシブに行動する姿を読み手が具体的にイメージできると思います。

　また、この例は、新たな人材育成方針の特徴を簡潔に述べ、従来のものとの違いを明確に示している点も評価できます。困難を乗り越えて何かを成し遂げた経験というのは、面接において格好のPRとなるものです。どんな点に苦労をし、自分がどんな行動をとったか、面接の場で具体的なエピソードを交じえながら説明できるよう準備しておきましょう。

③イベントの開催

― イマイチな回答😑 ―

　地球温暖化問題に対する県民の意識を高めるために、イベントを開催した。開催に当たっては、多様かつ膨大な業務を計画的に進める必要があったが、係長として進捗管理を的確に行い、無事にイベントを成功させることができた。

　これを書くことで、自分のどんな能力をアピールしたいのでしょうか。これだと進捗管理をしっかりやったというぐらいにしか読めません。

　成果に関する記述が弱く、アピール不足の印象を受けます。何をもって「イベントを成功」させたと言っているのか、より具体的に記載する必要があります。

　また、成功にこぎつけるまでにどんな動きをしたか、読み手がイメージを持てるように書きたいところです。

ポイント

　アピールしたい成果は、特に具体的に書く。

> ┌─ グッとくる回答☺ ═══════════
> 　地球温暖化問題に対する県民の意識を高めるためにイベントを開催した。本県出身の著名人をゲストに呼ぶことを新たに企画し、プログラムの作成、ゲストとの打合せ、広報活動等の膨大かつ多様な業務を、係一丸となって計画的に進めた。イベント当日は、前回の倍以上もの県民が来場し、好評を博した。また、この成功体験を通して係員が自信を深めたことも、大きな成果であった。

　イベントに前回の倍以上もの県民が来場したこと、この仕事を通し係員が自信を深めたことを書いたことで、このイベントが大きな成果を収めたということがよく伝わってきます。

　また、イベント開催までに何をしたかを具体的に記述したことで、実行力のある人物との印象を読み手に与えることができそうです。さらに、著名人をゲストに呼ぶことを提案する企画力や、膨大な業務を抱えながら組織をマネジメントする能力、係員をまとめるリーダーシップなど、管理監督職としての資質を備えていることをしっかりアピールできています。

****

■管理職のツトメ

　あえて極端な言い方をすると、管理職の仕事は「部下に仕事をさ
せること」、これにつきるのではないかと、最近実感しています。
これは何も、部下を従わせる恐い上司になれという意味ではありま
せん。例えば、特定の部下に仕事を集中させず組織をマネジメント
する、部下の能力を発揮・引き出して仕事をさせる、自分で片付け
た方が早くても部下の仕事を奪わない、部下が仕事に集中できるよ
う精神面・健康面に気を配る、など、色々な意味を込めて、要は組
織全体の力を最大限発揮させるということではないだろうかと思う
わけです。

　難しいのは、この原則論を忠実に守っていればいいということで
もないということです。「自分で片付けた方が早くても部下の仕事
を奪わない」とは言っても、緊急時や時間的余裕がないような場合
など、リーダーが率先して動かなければならないときもあるでしょ
う。要は、組織として仕事をする以上、組織全体の力を最大限発揮
させる、という視点が大事だと思うわけです。

■管理職のリユウ

　一般職の時代、私自身は、自分の昇任昇格にあまり積極的ではあ
りませんでした。仕事はやりがいがあって楽しいし、一般職として
専門性を極める仕事の追求の仕方もアリ、だとも思っていました。

　そんな私がなぜ、管理職を目指したのか？　自分のキャリアを自
分で築く、そういったことを意識し始めたのは、やはり、目指した
い上司との出会いが大きかったように思います。

　入庁10年目、広域自治体に研修生で派遣されたときにお仕えした
係長は、「誠実」で「正直」という点で、この人の右に出る人はい
ないと思うような方でした。部下や周囲の人間に対して常に敬意を
払い、そして、いつ何時でも敬語で接してくださいました。業務遂
行においてもその丁寧さは変わることはなく、論理的に筋道を通し

て仕事の内容を説明してくださるのはもちろん、こちらが至らないときは、言うべきことはきちんと諭してくださいました。

　感情に任せることなく常に敬意を持って関わろうという、人としての基本姿勢が素晴しかったです。リーダーとして必要な要素は色々ありますが、まずは人ときちんと向き合うことなのだと、初めて誰かのリーダーとなって仕事をするイメージが持てたような気がしました。こういう人になりたい、と思う上司との出会いこそが、私をここまで引っ張ってきてくれたように思います。

■管理職のススメ

　もうお一人、私には、目指したい上司がいます。私たちが担う仕事に対して、常に一貫した姿勢を貫いてくださった上司でした。「我々の仕事の目的は何か？」を問い続け、住民のためによりよい仕事をする、という、その姿勢に妥協はありませんでした。リーダーが自分に厳しく「より高みを目指す」人であれば、何かを声高に言わずとも、チームにはその価値観がシェアされていきます。そして、その価値観は組織の行動レベルを決定付けます。

　組織が組織として力を発揮するには、すべて人の思いにかかっているのだと思います。一人の思いが二人、そして四人、八人…に伝わって前に進めるかどうか。そして、一度そのような結束ができると、その思いを中心に組織が動き出し、その思いは組織の中で輝き続けるものです。その強い思いは、人の生き様とも言える迫力であり、私自身はそのような影響力はまだまだ出せていないと実感するばかりです。

　部下育成は子育てと同じ、価値観と感動の伝承なのだと思います。その意志を引き継ぎたいと思える上司に出会えたあなたは幸せです。出会えていなくても悲観することはありません。あなたが伝える側になれば、幸せな人が増える。それは業績では図れない社会貢献ではないかと思うのです。

****

■係長になった動機

　係長になってよく聞かれたのは「なぜ、係長試験を受けようと思ったの？」でした。女性の多い職場で試験を受けたこともあり、30歳代と言えば、妊娠も育児も人生のライフイベントがたくさんあるのに、なぜわざわざ自ら受けたのか本当にわからないといった感じで聞かれることが多かったです。

　私が係長になった理由は、出世欲かと聞かれたら、もちろんそれもあるし、やりたいことがあるからと聞かれたらそれもあるし、色々な思いがあって自然に受けようと思ったので、「コレだ‼」という決め手は、実はありません。もし、「明確な理由がないとなってはいけない」と思っている方がいたら、そんなことはないと思います。ただし、面接では質問されますので、動機の整理をしておくことは必要と思います。

■係長で一番大切と思うこと

　当たり前と言われるかもしれませんが、係長の務めとして一番大切なのは、周囲をよく見て、話を聞くことだと思います。係長になった当初は何をどうしていいのかわからず、そのうちに業務があふれ、自分のことに精一杯で周囲が見えなくなっていました。それでも、何とか業務が回るようにと必死でやる分、チーム間でうまく動くことができないと言いようのない負担感を感じていました。

　係長になって4年目を迎えても相変わらず業務に追われる毎日ですが、1・2年目と違うのは人のことが少し見え始めたことです。公務員なので、公務優先でないといけないとは思いますが、女性が多い職場だと、育児や家の事情でしんどくなる職員も出てきます。少し差配をすることでその人の負担が軽減し、チームがうまく動くのであれば、それもまた係長の仕事と思います。そのかわり、それによって他の人へ負担がかかりすぎないよう調整をすることを忘れないようにしなくてはいけません。

■一番苦手な係長業務

　係長業務の中で一番苦手なのは、仕事をふることです。30歳代で係長になると、周囲の一般職員の年齢の方が上になることが多いので、ついつい一人で抱えてしまうことがあります。最近は以前よりましになってきましたが、それでも残業が続くと上司から「もっと仕事をふるように」と指導が入ります。

　そんな時に頼りになるのが、主査・主任クラスの先輩です。自分だけで考えたことだと反発が多いことでも、業務経験の長い先輩からの補足が入るだけで、周囲の同意を得やすいこともあります。そのため、全体に業務分担の説明をする時は、事前に自分の考えていることや、どうすればうまくいくか等相談するようにしています。当然、色々な考え方があるので、それでもうまくいかないこともありますが、心の支えになります。頼りになる先輩をつくることをお勧めします。

■係長になる前にやっておいた方がよさそうなこと

　係長が年間を通じてどんな業務をやっているのか、少し手伝いながら見ておくと、自分がいざ係長になった時に見通しがたつようになるので、やりやすくなると思います。私の場合、係長になって初めて知った業務が多すぎて、本当に戸惑うことが多かったので、事前に探って知っておくことをお勧めします。

　あとは、昇任試験対策は忙しい日々の中で体力勝負のような部分もありますので、セルフコントロールをしっかりして、後悔のないよう準備してください。

⑤　相手の話を最後まで聞き、ストライクな回答を

的外れ　　期待する回答

×　　〇

　質問にかみ合わない答えは、面接官をがっかりさせてしまいます。

　質問の意図がよくわからないような場合には、その旨を面接官に正直に伝え、もう一度質問をしてもらいましょう。

⑥ きれいな姿勢で座る

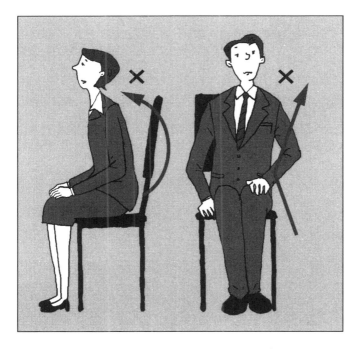

　最初はよくても、質問に答えているうちに姿勢が乱れて
いくことがあります。
　面接が終わるまで、常にきれいな姿勢を意識し続けま
しょう。

第5章　事例式問題への対応

　この章では、事例式問題への対策を進めていきましょう。

　事例式の問題は、「あなたの指示をなかなか聞かない部下がいたら、どうしますか」など、係長や管理職になった場合に直面する様々な状況を示し、その対応を問うものです。

　具体的場面において管理監督職として振舞うべき行動を答えるわけですから、これまで見てきた設問とは異なり、ある程度、回答すべき内容は決まっていると言えます。本章で紹介する事例をよく読み、回答に当たり押さえるべきポイントをしっかり頭に入れてください。

　もっとも、事例式問題で示されるような状況に実際に置かれた経験がないみなさんにとっては、面接官が次々と投げかけてくる問いかけにすらすら答えることは、難しいかもしれません。しかし、それはどの受験生にとっても同じです。

　したがって、回答の大きな方向性さえ誤らなければ、ここではそれほど他の受験生との差はつかないと考えてよいでしょう。

　事例式問題は、まずは「無難な回答」ができればよいのです。「点を取る」ことよりも、「失点をしない」ことを強く意識して、対策に取り組んでいきましょう。

CASE 1　新任係長として赴任して

面接官　あなたは係長試験に合格し、これまで全く経験した
　ことのない職場に、新任係長として着任することになりま
　した。さて、あなたはまず、何をしますか。

回答例　まずは担当職務に関する知識を速やかに習得できる
　よう、関係法令や条例・規則、過去の資料などを読み込み、
　一生懸命に勉強します。わからないことは部下から教えて
　もらうなどして、一刻も早く職務への理解を深められるよ
　う努力します。

面接官　部下から教えてもらうという姿勢は大切ですね。
　　では、あなたの部下の一人に、ベテラン職員のＡさんが
　います。Ａさんは、知識も経験も豊富なことに加え、あな
　たよりも年齢が上ということもあり、あなたの言うことに
　ことごとく反対してきます。さあ、あなたはどうしますか。

回答例　Ａさんの主張にしっかり向き合うことが大切だと思
　います。Ａさんが反対する理由は何か、自分の意見に不十
　分な点はないかなど、冷静に考えながら、Ａさんとよく話
　をして、解決策を探っていきます。

面接官　Ａさんの意見を採用するということですか。

回答例　もし、自分の考えに不十分な点があったならば、そ
れは素直に認め、修正していく必要があります。一方で、
Ａさんの主張に合理性がないのであれば、そのことをよく
Ａさんに理解させた上で、私の判断に従ってもらいます。

面接官　あなたの意見に反対するＡさんは、あなたにとって
厄介な存在ですか。

回答例　係長に意見をしてくれるのは、部下としては貴重な
存在だと思います。何かを検討するプロセスにおいては、
Ａさんのようにどんどん意見を言ってもらったほうが、
様々な角度から検証ができ、結果的にいい仕事につながる
と思うからです。

面接官　そうですね。Ａさんのようなベテラン職員の持つ知
識・経験を係の運営に生かしていけるよう、リーダーシッ
プを発揮できるといいですね。
　では、実はＡさんは相当の厄介者で、あなたの指示に反
対するだけでなく、まったく従わないような職員であった
ら、どのように対応しますか。

回答例　まずは、私の指示に従わないことに何か理由がある
のか、しっかり考えます。私の指示が不明確であるならば、
改善したいと思います。

面接官　単に仕事で楽をしたいとか、年下のあなたからの指示は聞きたくないという理由であったら、どうしますか。

回答例　そのような職務怠慢を認めていては周囲の職員に悪影響を及ぼしますので、係長として、Ａさんには厳しい態度で接する必要があります。課長とも相談しながら、口頭による注意や、文書による注意を繰り返し、それでも改善がないようであれば、法令による処分も視野に入れる必要があると思います。

回答のポイント

①初めての職場に係長として着任

　これまで経験したことのない仕事を、係長や課長として担当するというのは、非常に大変なことです。一日でも早く職員の信頼を得ることができるよう、まずは仕事のベースとなる知識の習得に全力で取り組みましょう。

　その際、一人で黙々と勉強することも大切ですが、何かわからないことがあれば、変なプライドなど持たず、職員にどんどん教えてもらうべきでしょう。職員と対話することで、お互いを知るきっかけにもなりますし、引継資料には書かれていないような有益な情報を得ることもできます。

　よく認識しておきたいことは、**係長や課長だからと言って、担当職員以上に何でも知っている必要はない**ということです。係長や課長に求められているのは「判断を下す」ことであり、

そのために必要な詳しい情報は職員から教えてもらえばよいのです。周囲の職員に助けてもらいながら、与えられた役割を果たしていこうとする、謙虚な姿勢が大切です。

②自分の意見に反対する部下

　反対意見を言ってくれる部下は、上司にとっては非常に貴重な存在です。上司は表面的には強気な決断をしていても、よほど自分に自信のある人でなければ、「この決断で本当によかったのか」などと、内心では様々な不安に苛まれているものです。ですから、部下が疑問を投げかけることで、問題に対して多角的な検証が促されることを、多くの上司は歓迎するでしょう。

　上記の回答例にあるように、検討のプロセスにおいては、反対意見にも丁寧に向き合い、疑問点を一つひとつ潰していくことが重要です。間違っても、「上司の意見に異を唱えることはけしからん」などという態度を見せてはいけません。むしろ、職層を超えた自由闊達な議論が繰り広げられる職場を、管理監督職として目指していくべきでしょう。

③指示に従わない部下

　検討の過程においては部下も遠慮なく意見するべきですが、様々な議論を経て最終的に上司が下した決断には、部下は従わなくてはなりません。この前提が崩れると、組織は成り立ちません。

　もし、部下が指示に従わないような状況に直面したら、ま

ずはその理由を考えることが必要です。「何を」「どのように
して」「いつまでに」と、明確な指示を出しているか、部下
の信頼を失うような言動をとっていないか、意欲を高めるた
めの働きかけが足りているかなど、自分自身を見つめ直して
みましょう。

　その上で、**部下の単なる職務怠慢であるならば、上司とし
ては厳しい態度で臨む必要があります**。仕事をしない職員を
そのまま放っておくことは、職場全体のモラールの低下につ
ながります。口頭による指導だけでなく、必要に応じて文書
による指導を行うとともに、法令による処分を視野に入れ、
部下の行動を記録として残しておくことも必要です。

CASE 2 部下と上司との板挟みになって

面接官　あなたの上司であるＸ課長は、一度決めたことを思いつきで翻すことがよくあり、以前もそれが原因で課内が大混乱に陥ったことがあります。

　あなたの係では、Ｘ課長の了承の下で、新規事業の実施に向け、連日深夜まで業務に励んでいましたが、ある日、Ｘ課長から、これまでの方向性を大きく変えるような指示が出されました。大した状況の変化もないのに、安易に方針が変更されたことで、係員は、「これまでの努力を、また無駄にしようとするのか。今回ばかりは我慢ができない」と憤っています。あなたは係長として、どうしますか。

回答例　課長の安易な方針変更により、部下が振り回されるというのは、あってはならないことです。部下の士気の低下にもつながりかねないので、まずは課長に対し、判断を変えた理由について、しっかりとした説明を求めたいと思います。

面接官　課長は「事業をよりよいものにするために、方針を変更した。職員の不満はよくわかるが、係長からよく伝えて納得させてほしい」と言っています。さあ、どうしますか。

回答例　その軌道修正が、誰にも納得のいくようなものであ

ればよいのですが、そうでないとしたら、やはり簡単には受け入れられません。特に、職員が意欲を失い、投げやりになってしまっては、新規事業の成功もおぼつかないと思います。合理的な理由がないのなら、課長には、方針変更を撤回してもらうよう、本気で訴えたいと思います。

面接官　それでも、課長が意思を変えない場合には、どうしますか。

回答例　課長の意思が固いようでしたら、そこは組織人ですので、課長の判断を尊重します。事業をよいものにできるよう、係員のモチベーションを維持・向上させるための方策を考えながら、与えられた仕事に全力で取り組みます。

回答のポイント

①部下を振り回す課長

　課長の求めることにしっかりと応え、課長の仕事を補佐することは、係長の重要な役割です。しかし、係長は上（課長）を見るだけでなく、下（部下）も大事にしなければなりません。

　指示がぶれる課長、優柔不断な課長、無駄な仕事をさせる課長などに対し、係長がただ言われたとおりに対応する「イエスマン」になってしまったら、その係長は部下からの信頼を得ることは決してできないでしょう。組織の仕事を円滑に

99

進めるため、たとえ相手が課長であっても、係長として言うべきことは言う必要があります。

　事例のように、課長の迷走により部下の仕事に多大な悪影響を及ぼすような場合には、**係長として課長にはっきりと物申し、「部下を守る」という姿勢**を見せることが大切です。

②納得のできない指示

　課長から納得のできない指示が下りてきた場合には、係長は課長に意見を述べ、徹底的に議論する必要があります。係長がそれくらいの気概を持っていてくれると、部下としては非常に心強いはずです。

　ただし、いくら議論をしても課長がその意思を変えず、最終的に組織の方針として決定した場合には、係長は課長の判断を尊重しなければなりません。課長は係長よりも更に大局的な視点から判断を下しているかもしれないからです。

　面接試験では、「納得のできない指示があった場合にどうするか」と聞かれた場合に、最初から「上司の指示なので素直に従う」と答えると、「もっと気骨が欲しい」と思われてしまいます。一方で、いつまでも「自分の信念を貫く」などと答えると、「組織人として問題がありそうだ」との印象を与えかねません。「**言うべきことは言った上で、最後は上司の指示に従う**」というバランス感を、大事にしましょう。

CASE 3　部下が暴行事件を起こして

面接官　あなたは税務事務所に徴収課長として着任しました。ある朝、部下のBさんの自宅から緊急の電話があり、前日の夜にBさんが酒に酔って暴行事件を起こし、現行犯逮捕されたとの知らせを受けました。あなたはどのように対応しますか。

回答例　至急、上司である副所長、所長に第一報を入れます。あわせて、本庁の所管部に連絡し、今後の対応について相談したいと思います。

面接官　あなたの課の職員に対しては、どのように事実を伝えるのですか。

回答例　職員を集め、把握している状況を正確に説明します。そして、いつもどおり落ち着いて職務に従事するよう、職員に伝えます。私が冷静な対応をすることで、職員の動揺を少しでも抑えたいと思います。

面接官　他にも、やるべきことがありませんか。

回答例　事実関係の確認を急ぎます。所管の警察署に連絡し、職員との接見を求めるとともに、職員の家族への聞き取りをし、正確な情報の収集に努めます。また、マスコミや市

民からの問合せに的確に対応できるよう、回答に当たってのポイントを整理します。

面接官　他には、何かありますか。

回答例　再発防止策を講じることが重要です。加害者となってしまった職員は、何か大きなストレスや悩みを抱えていたかもしれません。組織として事前に対応できることがなかったか、検証する必要があると思います。また、課の職員に対しては、このような不祥事がいかに重大な結末を招くかを認識させ、何度も繰り返し注意喚起をしていきます。

回答のポイント

①事故発生時の初動対応

　職員が事故を起こした場合、課長は速やかに上司へ第一報を入れます。同時に、本庁の職員課など所管部署へ連絡し、今後の対応について相談します。

　ポイントは、**何か自分のところで判断しようと抱え込むのではなく、上司や関係部署にとにかく第一報を入れること**です。その後、より詳細な情報の収集に努め、新たな情報を得たらまたすぐに上司や関係部署に報告を入れていきます。

②部下への報告・指示

　事例のような非常時にこそ、課長としての力量が問われま

す。課長があたふたとしていたら、職員は動揺してしまいます。冷静かつ沈着に、やるべきことを明確に部下に指示することが大切です。

　特に、事故が発生すると、マスコミからの問合せや、市民からの苦情などの電話がたくさんかかってくる可能性があります。それらに的確に対応できるよう、事実関係を整理し、回答のポイントをまとめ、組織として共有しておく必要があるでしょう。

③再発防止の徹底

　職員による事故が発生してしまうと、行政に対する信頼を大きく失墜させるばかりでなく、その対応に多くの時間を割くことになり、通常業務の停滞を招くことにもなります。もう二度と同じような事故を起こすことのないよう、事故の原因を分析し、そこから何らかの教訓を得て、次につなげることが極めて重要です。

　職員が仕事や家庭生活で何か大きなストレスを感じていたのではないか、過去にお酒が関わるトラブルはなかったか、暴行事件を起こす予兆のようなものはなかったかなどを、しっかりと検証します。

　また、事故を契機に「汚職・非行防止研修」の開催や、「汚職・非行防止強化月間」の設定など、職員への意識啓発を集中的に行うとともに、その後も定期的・継続的に注意喚起をしていくことが大切です。**再発防止策をとりまとめるまでが、事故への対応であると心得ましょう。**

CASE 4　多忙により職員が体調を壊して

面接官　あなたは建設事務所に課長として着任しました。あなたの課では重大プロジェクトを抱えており、そのためにここ数か月、職員が多忙を極めていたことから、ついに課の中核を担っていた係長が体調を崩し、入院してしまいました。これからプロジェクトは佳境を迎えようとしていますが、人事当局からは、すぐに欠員を補充することは難しいと言われています。あなたは今後、どのように対応しますか。

回答例　まずは執行体制を見直します。係長不在であっても係の仕事が回るよう、事務分担を見直し、課内での応援体制を組みます。比較的単純な作業などは、アルバイトを雇って対応します。また、課全体の業務を見直し、無駄な仕事をしていないか、より効率的にできるところはないかをしっかり検証します。

面接官　業務の効率化を図るために、具体的にはどのような取組をするのですか。

回答例　例えば、資料作成に過剰な労力を費やしているケースも多いと思います。部下には、資料の作成は必要最小限に抑えるよう求めます。また、仕事のやり直しが生じないよう、適宜、検討の方向性について部下と確認し合いなが

ら、業務を進めていくことも大切だと思います。

面接官 仕事の効率性を高めるだけで、欠けた職員の穴を埋められるのですか。

回答例 課内でできる策は尽くした上で、それでも手が回らないようであれば、業務の一部を他の課に依頼するなど、所全体での応援体制を組めないか、上司に相談します。

面接官 他の課から応援を依頼するというのは、現実的には難しいのではないですか。

回答例 確かに、容易なことではないと思いますが、もうこれ以上、部下が体調を崩すようなことがあってはならないので、何とか協力を得られるよう上司を説得します。所内での対応が難しく、課の業務運営に支障が出るようであれば、業務量に見合った人員を至急配置してもらうよう、人事当局に強く訴えていきたいと思います。

回答のポイント

①職員が休職に

　産休・育休や病気休職などで、年度の途中に職員が欠けてしまうケースは、珍しいことではないでしょう。そのような状況に置かれた場合に、まず管理監督職としてやるべきこと

105

は、欠けてしまった**職員の仕事を他の職員でカバーする体制**を整えることです。事務分担を見直し、係の壁を越えた協力体制を築き、チームワークで難局を乗り切りましょう。

　同時に、徹底した業務効率化を図ることも必要です。この際、思い切ってやめてしまってもよい業務があるかもしれません。資料の作成に余計な労力をかけていないか、課内や他部署と重複する仕事をやっているようなことはないか、必要な情報の共有ができているか、仕事の着地点を見据えて最短経路を通っているかなど、課の業務のあり方を十分に検証しましょう。

②課内での対応には限界

　課内でできる限りの手を打っても、職員に過剰な負担を強いる状況が改善されない場合には、次の手を打つ必要があります。

　もうこれ以上、職員の健康を害するわけにはいきませんので、他の課に協力を要請します。他の課から応援職員を出してもらうなど、所の問題として対応してもらえないか、上司である副所長や所長に相談しましょう。また、課の業務の実態を人事当局に伝え、職員の配置を強く求めることも必要です。

CASE 5 職場に活気がなくて

面接官　あなたの係は、20代から30代の職員が中心の非常に若い職場です。しかし、どの職員も「指示待ち」の姿勢が強く、仕事に対する意欲や積極性に欠ける面があります。あなたは係長として、この現状をどのように変えていきますか。

回答例　「指示待ち」になってしまうのは、職員が「今、自分が何をすべきか」を十分に自覚していないことが大きな原因と考えます。私はまず、組織としての目標を明確に示した上で、その目標を達成するために職員一人ひとりが果たすべき役割を、職員とともに確認したいと思います。

面接官　職員一人ひとりの目標を設定するということですね。それは確かに必要なことですが、個人目標を設定するだけで、仕事に積極的に取り組むようになるのでしょうか。

回答例　仕事への積極性を高めるためには、職員に自信を持たせることが大切だと思います。部下が持てる力を発揮できるようにサポートし、よい仕事をした場合には、私はそれを褒め、しっかり評価します。それにより、職員が更に頑張るという好循環を作っていきたいと思います。

面接官　単調な仕事が多い職場だと、部下を褒める機会もな

107

かなかなくて、組織を活性化していくことは難しいのでは
ないですか。

回答例 ルーティンワークであっても、何か改善できる点は
あると思います。まずは私自身が、絶えず改善を続ける姿
勢を持ち、実践していきます。また、係員全員で現状の問
題点を洗い出し、その解決策について全員で自由に意見を
出し合うような環境を作り、組織の活性化につなげていき
たいです。

回答のポイント

①積極性の足りない部下

　すべての組織は、何らかの目的の下に形成されたものです。
組織のリーダーは、その**目標を明確にし、組織のメンバー全
員に共有させるとともに、組織目標の達成に向け、メンバー
にそれぞれ役割を与えることが必要**です。事例にあるような
「指示待ち」の状況を打開するためには、職員一人ひとりに
対し明確なミッションを課すことが、一つの有効な策と言え
ます。

　係長は職員との面談を実施し十分な意見交換をした上で、
職員の個人目標を設定します。そして、その目標達成に向け
た職員の取組をしっかりとフォローし、成果を挙げた際には
褒め、勤務評定などで評価することが大切です。それにより、
職員は自信を深め、仕事への意欲をさらに高めていくことが

できるでしょう。

②活気のない職場

　職員が自分の担当業務を淡々とこなすだけで満足してしまうような職場からは、何も新しいものは生まれないでしょう。一方、たとえルーティンワークであっても、何か改善できることはないか、職員が常に問題意識を持って取り組むような職場であれば、新しいアイディアが生まれ、生産性の高い仕事ができるでしょう。

　そのような職場風土を作るためには、**まずは係長自身が、常に新しいものを作り出す意欲や、絶えず改善を続ける姿勢を持ち続け、実践する**ことです。そうすれば、それを見た職員も、よりよいものを作ろうとする意欲が生まれてきます。

　そして、係ミーティングや決裁などの場を活用して、「何か疑問に思ったことはないか」「どうすればもっとよくなるか」などを職員に問いかけ、主体的に考えさせます。係長としてそのような働きかけを続けていくことで、職員から建設的な意見がどんどん出され、自由闊達な議論が繰り広げられる、そんな職場風土を作っていきたいものです。

****

■係長選考を受けたわけ

　私がなぜ係長になろうと思ったのか、そう聞かれても答えに窮するところがあります。というのは、「係長になるぞ！」という意気込みが、積極的にはなかったからです。本書の読者の皆さまは、係長はもちろんのこと管理職を視野に入れ、昇任試験に挑んでいきたいという方が多いことと思います。そのような方はより積極的に、係長になることにためらいを感じている方も、「昇任」を積極的に捉えられるよう、これから少しばかりお話をさせていただければと思います。

　私自身は、係長になって6年目を迎えました。主任となり数年間は、人事や庶務関係といった事務が中心でしたが、様々な経験を積ませていただきました。経験を積みながらも、係長選考の有資格者となったその年は、正直なところ「係長」としてうまく立ち回ることができるだろうか、という不安を抱えていました。しかしながら、「迷うところはあるけれど、とにかく頑張ってやってみよう」という気持ちが働き、最終的には選考に手を挙げることにしました。「給料がちょっと上がる」ということが作用したことも否めませんが…。

■係長になって

　無事、係長に昇任することができ、1年目のポストは完全なペア制でした。「係長、これはどうしましょう？」と係員から矢継ぎ早に聞かれるので、迷ったり悩んだりする暇もなく、次から次へ決断していかなくてはなりませんでした。この時生きてきたのは、主事・主任の時に培ってきた職務経験です。経験してきたことを踏まえて「常識的」な判断をすれば、まず間違えることはないと思います。それでも迷う時は課長にお伺いを立て、サポートしていただくことができました。

　また、管理職の方がよく「ポストが人を育てる」とおっしゃいま

すが、まさにそのとおりだと思いました。「係長、係長」と呼ばれていると、自分も「係長」になった気持ちになり（本当になっているのですが）、係長の振舞いが何となくできてくるようになりました。

　それから、係長に昇任するとおそらく多くの組織で、「研修」の機会が設けられていることと思います。係長として必要なことは研修で学べるので、結果としてはそれほど不安に思うことはなかったのかなと思います。

■よかったこと

　係長になってよかったなと思った一番大きなことは、係員から「育てて」もらえることです。係員から頼りにされると、その気持ちに応えたいと思うようになります。結果として、自分でも努力をするようになり、自分自身が成長できるきっかけをもらうことができます。また、係員のお手本になろうとすることで、自分自身の仕事のやり方を振り返り、工夫を凝らすようになります。

　幸いなことに、ここ数年は新規採用職員から採用数年目までの若手職員と一緒に仕事をさせていただいております。皆さんそれぞれやる気に満ち、自分の仕事を少しでも質の高いものにしようと努力しています。その方々の「上司」になるからには、漫然と仕事をするわけにはいきません。よりよいアドバイスや仕事の進め方、交渉手法などを伝達すべく、自分自身を磨くよう努めました。ですので、係員から育てていただいていると常々感じております。それから、係員が1年経って一回りも二回りも成長した姿を見るのはとても嬉しいものです。（私が指導しなくても、成長しているのだろうとも思いつつ。）

　少しでも多くの方が、係長選考にチャレンジしたいと思っていただけたなら幸いです。

****

■どうして昇任試験を受験したか

　私が公務員という道を選んだのは、青臭い思いですが「誰かの役に立ちたい」という直球の気持ち一つです。こんな思いを持っていたので最初は、給料のために仕事をしているのではないし、偉くなりたいとも思っていなかったので「第一線で頑張るぞ」と昇任試験を受験するなんて考えてもいませんでした。

　そんなある日、仲良くしていただいていた先輩から「昇任試験は受けないのか」と声をかけられました。先輩に受験しない理由を話すと「お前は偉くなるためだけに管理職になると思っているのか。管理職になったら第一線で活躍していないのか」と問われました。「う～む…、でも最前線で仕事ができなくなるし…」と私の歯切れの悪い答え。「自分ひとりでできる仕事と、管理職として部下と協力してできる仕事はどっちが多いと思う。管理職になると今よりできることが増えるし、やりがいもあると思うよ。せっかくのチャンスを逃がすのはもったいない」と先輩。「そうかなぁ。そんなものかなぁ」と私。

　実はこんな絵に描いたようなやりとりで私は昇任試験を受験しました。受験のきっかけなんて分からないものです。

■気が楽になった、上司からの一言

　先輩とのやりとりを経て受験し、何とか合格することができ、いざ、管理職としての仕事がスタート。日常業務における決裁、課題・懸案に対する判断、関係部署との調整など、次々とやらなければならない業務がやってきました。管理職になったのだから、「担当者よりよい判断をしなくてはならない」「早く解決できなければならない」という思いから、必死になって仕事をする日々が続きました。

　かなり悲壮な雰囲気があったと思います。そんな私を見かねた当時の上司が「仕事頑張っているね。でも、最近無理をしすぎている

のではないか。管理職として職責を果たそうと努力することは必要だが、自分の力量を超えた無理をしても力が付かない。管理職としての力量があると認められて合格したのだから、まずは自信を持って自分のできることを確実にやりなさい。判断できなければ私に相談すればよい」と助言してくれました。

　それまで、管理職としてうまく対応しなくてはならない、できる管理職と思われなければならないと考えて無理をしていたけれど、自分を信じて自分のやり方で頑張ればよいと思うことができ、肩肘張らず、マイペースで進むことができるようになりました。

■市民のみなさんのために
　最初に述べたように、私は「誰かの役に立ちたい」と思い公務員になりました。今は「誰か」ではなく「市民」という意識を持って頑張っています。もちろん、みなさんも同じ思いを持って日々頑張っていることと思います。

　あらためて、普段の自分の業務を思い返してみてください。当然、法律に基づき業務を行っているのですが、各団体によって独自の取組もたくさんあると思います。市民のみなさんのためにできることが他にはないか。こんなことができるのではないか。そんな思いを持っているのではないですか。

　管理職になれば、自分の裁量で判断できることも増えます。企画立案できる範疇も広がります。是非、昇任試験を受験できる立場にあるのであれば、このチャンスを逃がさずチャレンジしてください。

最後に、みなさんがこれまで蓄えてきた力を、面接の場で思う存分発揮できるよう、面接当日の注意点を記しておきます。

①声は大きく、はきはきと

これは、面接において最も大切なことなので、肝に銘じてください。

どんなに素晴らしいことを言っていても、声が小さいと自信がないように見えてしまい、それだけで印象が悪くなってしまいます。特に、面接本番は緊張しているため、自分が思っている以上に声が小さくなってしまうものです。**面接当日は、いつも以上に声を大きく出すこと。**これを強く意識していてください。

②顔を上げて、相手の目を見て

面接官の話を聞く時も、自分が答えるときも、常に顔を上げて、面接官の目を見るようにしましょう。（もちろん、不自然なまでに相手の目をじっと見てはいけません。そこは自然な程度でよいのです。）

特に、厳しい指摘をされたときや、自分の答えに自信がないときなど、つい下を見たり、目をそらしたりしてしまいがちですが、面接官はその一瞬の動きから受験生の動揺を敏感に感じ取ります。そして、受験生が見せたその弱みをどんど

ん攻めていこうとするものです。

　だからこそ、いかなる質問に対しても、常に正面を向いて、自信を持って堂々と答えることが大切なのです。

③時には言い切ることも必要

　管理監督職は、心身ともにたくましくなくてはなりません。面接の場でも、芯の強さや、ぶれない心を持っているかが、試されます。

　例えば、自分が答えたことに対し、面接官に「それはおかしいのではないか」などと反論されると、つい弱気になってしまい、自分の言ったことを撤回したくなることもあるでしょう。

　もちろん、撤回が必要な場面もあるかもしれませんが、一方で、「そういう考え方もあるが、私はこう考えるのだ」と強く言い切ることも、時には必要です。みなさんが信念を貫くことで、「たくましさ」が相手に伝わるのです。

　面接対策とは、単に試験を突破するためのものではなく、係長や管理職となって活躍するための助走期間ととらえるべきである一。

　第一章でも述べたこのことが、本書でみなさんに最も伝えたかったことです。特に、面接対策に取り組むこの時期に、「リーダーとはどうあるべきか」について深く考えることが、みなさんが係長や管理職となってから、大きく飛躍することにつながるはずです。

そのヒントとして、あの徳川家康が遺した「大将のいまし
め」という文章を紹介し、本書を終えたいと思います。
　部下は決して「家来」ではありませんが、リーダーとして
大事なことが何かを教えてくれるような気がしませんか。

「大将のいましめ」
　　　　　　　徳川家康　元和二年六月（一六一六年）

大将というものは
敬われているようで　その家来に
絶えず落ち度を探られているものだ
恐れられているようで　侮られ
親しまれているようで　疎んじられ
好かれているようで　憎まれているものじゃ

大将というものは
絶えず勉強せねばならぬし
礼儀もわきまえねばならぬ
よい家来を持とうと思うなら
わが食を減らしても
家来にひもじい思いをさせてはならぬ
自分ひとりでは何もできぬ
これが三十二年間つくづく思い知らされた
家康が経験ぞ

家来というものは
禄でつないでならず　機嫌をとってはならず
遠ざけてはならず　近づけてはならず
怒らせてはならず　油断させてはならぬものだ
「ではどうすればよいのだ」
家来はな　惚れさせねばならぬものよ

必ず合格できる昇任面接対策法　第3次改訂版　　　ⓒ　2020年

2015年（平成27年）　9月16日	初版第1刷発行	
2016年（平成28年）11月29日	第1次改訂版第1刷発行	
2018年（平成30年）11月9日	第2次改訂版第1刷発行	
2020年（令和2年）　4月24日	第3次改訂版第1刷発行	
2021年（令和3年）11月24日	第3次改訂版第2刷発行	
2023年（令和5年）10月12日	第3次改訂版第3刷発行	

定価はカバーに表示してあります

編　　　者　　昇任試験問題研究会

発　行　者　　大　田　昭　一

発　行　所　　公　　職　　研

〒101-0051
東京都千代田区神田神保町2丁目20番地
TEL03-3230-3701（代表）
03-3230-3703（編集）
FAX03-3230-1170
振替東京　6-154568
https://www.koshokuken.co.jp/

ISBN978-4-87526-394-4 C3031

落丁・乱丁は取り替え致します。　PRINTED IN JAPAN

印刷　日本ハイコム㈱

ISO14001取得工場で印刷しました。

第一線の管理職、課長職の職責が身につく！
職場対応に自信がもてる！

事例で学べる行政判断 課長編

課長は、自治体での第一線の管理職。
所管業務の企画や推進をはじめ、部下
の育成、議会対応、マスコミ対応など
について、権限と責任をもっている。
３人の現職課長が全問、１つひとつ選
択肢を議論してつくり上げた珠玉の問
題集。課長の職場対応力が確実に身に
つく70のケース。

定価（本体1,850円＋税）

・第三者委員会の委員が無理な主張をする
・議員対応を回避する事務局長
・部長と副市長の双方から異なる指示を受けた
・課長の指示が組織全体に浸透しない
・仕事を抱えてしまう係長
・議員からの業者紹介
・個人情報の取扱意識が低い職場
・コンプライアンス順守のための取組み
・当方にミスがある苦情への対応
・安請け合いをしてしまう部長
・市長からの信頼の厚い部長によるパワハラ　ほか

公職研

こんな部下、あんな上司…。いませんか？
係長職の正しい判断、適切な対応が学べます。

事例で学べる行政判断 係長編

日常業務の適正な執行、新規事業の立案、係の人事管理、住民対応など、係長は自治体運営の土台を受けもっている。３人の現職課長が全問、１つひとつ選択肢を議論してつくり上げた珠玉の問題集。係長の職場対応力が確実に身につく70のケース。

事例で学べる
行政判断
係長編
■第1次改訂版■
自治体係長の職場対応力が楽しく身につく厳選70ケース
自治体行政判断研究会 編

定価（本体1,800円＋税）

- ・部下に情報を流さない課長
- ・係長を飛び越して指示する課長
- ・民間での経験をふりかざす係長
- ・経験豊富なベテラン部下
- ・他の係の仕事まで引き受ける部下
- ・セクハラを起こした部下
- ・外郭団体の職員採用に介入する議員
- ・市に便宜を図ることを求める住民
- ・課長不在時のマスコミ対応
- ・新規施策の効果的な周知方法　ほか

KOSHOKUKEN
公職研